中国传媒教育观察

2018

主　编：周中斌　　副主编：宗　微

CHINESE MEDIA
EDUCATION REVIEW

中国传媒大学 出版社
·北京·

《中国传媒教育观察》编委会

学术顾问（按姓氏笔画）

罗以澄　（武汉大学新闻与传播学院教授）

胡智锋　（教育部长江学者特聘教授、北京师范大学艺术与传媒学院院长）

高晓虹　（教育部长江学者特聘教授、中国传媒大学新闻传播学部部长）

喻国明　（教育部长江学者特聘教授、北京师范大学新闻传播学院执行院长）

强月新　（武汉大学新闻与传播学院院长）

编辑委员会（按姓氏笔画）

主任： 周中斌

编委： 王瀚东　吕尚彬　刘军平　余建军　张毓强
　　　　陈智愚　林丽萍　宗　微　郭新力　饶　鉴

主办单位

武汉传媒学院

中国传媒大学出版社

主　　编：周中斌

副 主 编：宗　微

执 行 主 编：王瀚东

编辑部成员：赵红勋　陈　杰　赵　倩

写在前面
（序言）

1918 年，北京大学新闻学研究会成立，标志着现代意义上的中国传媒教育的诞生。而此前 6 年，美国哥伦比亚新闻学院诞生，这也被学界认为是世界近代专业性传媒教育的始端。若在一个长时段的历史进程和视野中观察，两者相差的 6 年似是可以忽略不计的。

此后百年间，"变革"一直伴随着传媒教育发展的每一个脚印。这一个一个的脚印也在印证着人类社会从封闭走向开放，从限于一隅走向全球通达的大历史进程。在这一进程中，无数志士仁人投身于传媒教育实践和研究，薪火相传，凝练人类沟通与交流的种种美好经验，书写成册，传之后人；他们因应传媒实践新发展，开疆拓土，圈地种田，融汇力量，在人文社会科学研究和人才培养的大天地里占有了一席之地，为人类、国家、民族的发展培育栋梁，贡献智慧。

当今，传媒实践领域正经历着重大变局。新时代中国国家与社会政策的调整，促使传媒教育在主导范式上做出新调适；新信息传播技术的飞速发展使得传媒教育变革的步伐不断加速又略显凌乱；多学科深度交融为传媒教育提供了新的视野和新的理论资源；因应全球化学术生产语境下中国学人主体性增强的需求，传媒教育理论与实践也都在进行新的调整。在变局中谋发展，在变革中求新路，是新时代传媒人的重要职责和应有的担当。

当前，我们生存的环境已经日益媒介化。如果我们承认社会的媒介化是一个不争的事实,也就必须承认媒介问题是人类生存的核心问题。媒介弥漫在我们生存的每一个细节之中,挥之不去,如空气与水一样,成为我们生存之必要甚至必须。这就意味着,传媒教育的概念、范畴正在不断扩张,其问题意识从传统的大众传媒时代的专业性问题扩张到人们生活的每一个环节当中。从之前传媒专业分类型教育到大众的媒介素养的教育;从传统的采、写、编、评、译、采、编、播到新媒体时代的写作与沟通、网络前端技术、融合性媒介内容生产……人才培养目标、方案、课程体系,不一而足,均在巨大的变动中。传媒教育的知识生产也因应这一预期,步步走出经验功能主义的藩篱,出现无限扩张的可能。扩张看似简单,变革却不容易。每一位传媒教育者均生存在建制性学科规范中,任何一种创新都需要不断在现实中摸索并进行调试。

在热火朝天的变革与创新中,冷静的观察与思考尤其不易。"只缘身在此山中"的状态也使得媒介教育实践者在"横看成岭侧成峰"的现实中,需要不断调适自身,对学科、学术、学生的培养状况做出更为理性的判断。武汉传媒学院与中国传媒大学出版社合作,依托于传媒教育领域广大学人的共同支持与努力,试图为这种冷静的观察与理性的思考做出一份努力。《中国传媒教育观察》如是诞生。理想意义上,它将是理性的、建设性的;将是怀揣理想和面向现实的;将是发展的和持续的。作为系列丛书,它也许不是定期出版的,但它一定是怀揣着学术理想和学科发展情怀的,而这种情怀将体现在本书的每一篇文章和每一段文字之中。

目 录
CONTENTS

本刊特稿

传媒教育的逻辑重构与关键进路
——以传播学研究"供给侧"改革为视域的观察与分析
　　　　　　　　　　　　　　　　　　　喻国明　梁　爽 / 3

传媒教育前沿

我国电影艺术教育的发展现状、存在问题与观察思考
　　　　　　　　　　　　　　　　　　　胡智锋　周建新 / 17
融合出版背景下高校编辑出版教育教学的改革探索
　　　　　　　　　　　　　　　　　　　范　军　刘晓嘉 / 32
2017 年中国新闻传播教育的新进展与新观点
　　　　　　　　　　　　　　　　　　　王继周　罗以澄 / 44

传媒教育理念

中国传媒艺术学教育的理念提出与前沿观察　　　　刘　俊 / 59
"第五块屏幕"的崛起与电影专业教育创新　　　　　许　航 / 77
新形势下新闻学本科教育的挑战与策略：以中外比较的视角
　　　　　　　　　　　　　　　　　　　　　　　张玉洪 / 89
基于流程化设计的播音主持教学方法探索　　　　　何卓伦 / 108

传媒教改实践

慕课环境下新闻传播类传统课堂教学的改革探讨　　牛　静　任怡林　/ 121

融合媒体时代传媒教育小学期的实践探索

　　——以武汉传媒学院的小学期综合创作改革为例　　赵　倩　/ 134

培养实践能力　创新考试机制

　　——"影视剧本创作"课程教学改革刍议　　代　辉　/ 144

"互联网+"背景下"新媒体编辑"课程的改革与创新　　宋博雅　/ 155

独立院校"传播学"课程教学改革与实践初探　　杨开源　/ 165

试论"过程性考核"教学方法的操作路径及其价值　　付　静　/ 173

传媒人才培养

新传播生态下广告专业应用型人才培养的现状与路径　　陈贞旭　/ 185

互联网时代新闻专业人才故事化能力培养的教学策略

　　——以传播学研究"供给侧"改革为视域的观察与分析　　杨　贝　/ 201

《中国传媒教育观察》征稿启事　　/ 215

本刊特稿

传媒教育的逻辑重构与关键进路
——以传播学研究"供给侧"改革为视域的观察与分析
Logic Reconstruction and Key Approach of Media Education

◆ 喻国明 梁 爽*

Yu Guoming, Liang Shuang

摘要：本文以技术冲击下的传播学研究"供给侧"改革作为切入点，沿着"传播学研究转型→传媒培育模式重构→传媒培育生态更新→未来传媒教育走向"的基本逻辑路径，深入剖析在互联网"下半场"时代背景下传媒教育在模式、内容、生态等方面的重构与进路，提出边缘创新、场景学习对现阶段传媒教育的重要意义，并对未来传媒教育的发展与走向进行分析与总结。

Abstract: In this paper, the research takes the "supply-side" reform of communication studies under the impact of technology as the starting point. It follows the basic logic path of "the transformation of communication studies", "the reconstruction of media education pattern", "the regeneration of ecology of media education", and "the future trend of media education". Based on the social environment of the "second half" era of the Internet development, the reconstruction and research approach of media education will be discussed in this paper. Moreover, the authors emphasize the the significant influences of marginal effect innovation and scene learning for media education at the present stage and for the future as well.

---

* 喻国明，教育部长江学者特聘教授，北京师范大学新闻传播学院执行院长，中国人民大学新闻与社会发展研究中心主任；梁爽，北京师范大学新闻传播学院博士研究生。

关键词：传媒教育　传播学研究　培育模式　培育生态　场景学习

Key words：media education, communication studies, media education pattern, media education ecology, scene learning

近年来，物联网、云技术、大数据等新兴技术的发展与革新为学界业界带来了前所未有的颠覆和改变。随着全球互联网发展进入"下半场"，数据化、智能化、便携化的风向变革为传播学研究、传媒教育发展带来了新的契机与挑战。促进传媒教育转型、培育高素养传媒人才逐渐成为国家和社会实现人才兴邦、强化媒体再现和提升文化软实力的重要议题。2017年7月，Gartner公司发布的年度新兴技术成熟度曲线指出，2017年新兴技术具有突出发展的三大趋势，即无处不在的人工智能、沉浸化身临其境的体验、数字化平台。一方面，在"互联网+"全媒体场景时代的今天，急速发展的人工智能技术、大数据、云技术等新兴技术正在以脱域、再嵌入的逻辑模式改变着受众的生产生活、社会交往与思维判断方式，一套全新的社会关系赋权模式、话语模式随之建立；另一方面，受到技术革新冲击的传播学研究已不再是一门单一的学科，而是一个较为宽泛的领域，广泛借助社会科学与自然科学研究方法并不断与其他学科交叉互融，新的研究局面为传播学研究的学术逻辑和探究思路带来了新的契机和挑战。

一、基因重组与共融：传播学研究的革新与转型

传播学作为一门专门性学科展开研究起始于20世纪30年代，在其漫长的研究发展历程中经历了与社会学、政治学、经济学、人类学、心理学等相关学科的借鉴、交叉与互通。20世纪40年代，传播学家哈罗德·拉斯韦尔在 *The Structure and Function of Communication in Society*（Lasswell，1948）中把传播学研究归纳为控制分析、内容分析、媒介分析、受众分析和效果分析等五个部分，并将传播者、信息、媒介、接收者、传播效果作为研究的五大要素。结构功能主义体系的提出奠定了传播学成为一门系统学科的框架和基础。综观20世纪的经典传播学研究，产生了以法兰克福学派、伯明翰学派、政治经济学派为代表的欧

洲路径和以芝加哥学派、经验学派为代表的美国路径两大学术主阵营,在几十年的学术历程中就批判理论、文化研究、实证研究、跨域研究等传播学范畴进行了探究、演证与讨论。20世纪末,当互联网开始对世界产生冲击,新媒体及其伴随产生的社会力量开始深刻改变社会权利分配结构及话语结构,传播学研究的基本格局也随之进行调整与革新。互联网作为一种重新结构社会的力量,其最大价值是对整个社会要素的解构、激活和重组——通过对于个人的激活,在社会要素从以机构为主体到以个人为主体的裂变的状态下连接和再连接的条件下,形成互联网形态下的新的社会现实、市场现实和产业现实(喻国明,2017)。特别是21世纪以来,随着信息革命的逐步深化,互联网发展进入"下半场",物联网、大数据、云技术等新兴技术以迅猛之势席卷全球,以无人机、无人车、智能机器人为代表的硬件流和以VR、AR、MR、AI为代表的软件流,都在潜移默化中对经济、政治、文化结构产生了影响。一方面,在Web 4.0信息时代的宏观社会环境中,技术基因、文化基因、媒介基因被打碎并重新洗牌,不同的异质基因在新兴科技推动下进行重组与共融,媒介边界日益消解,在跨域结合的过程中产生"美第奇效应(The Medici Effect)[①]",使媒介内容、媒介产品"1+1>2"的效应成为可能;另一方面,在互联网"下半场"的时代背景下,传播学与其他学科的研究界限渐趋消融,跨域研究、交叉学科研究被给予越来越多的关注,新的媒介格局、传播研究格局随之建立。媒介技术的转型为传播学的研究逻辑和理论体系带来了新的方向和思路,也将一系列问题摆在眼前:新型媒介技术能为用户带来什么?它会产生怎样的宏观和微观影响?1980年,致力于解决"媒介能为人类带来什么"等相关社会课题的麻省理工学院媒介实验室(MIT Media Lab)正式成立,它首次提出"拓展人类"的概念,认为智能技术手段能够实现人类器官的无限延伸。这一理念与传播学家麦克卢汉20世纪60年代提出的"媒介是人体器官的延伸"论述不谋而合,认为媒介的主要功能是改变人类的生活方式、为人类生活提供更多的便捷(McLuhan,1964)。

---

① 美第奇效应在2004年由美国创新专家弗朗斯·约翰松(Frans Johansson)在著作 *The Medici Effect: Breakthrough Insights at the Intersection of Ideas, Concepts, and Cultures*(Harvard Business School Press)中正式提出,这一观点认为"当思想立足于不同领域、不同学科、不同文化的交叉点上就可以将现有的各种概念联系在一起,组成大量不同凡响的新想法(Johansson,2004)"。

1959年,社会学家查尔斯·赖特在拉斯韦尔"三功能说"的基础上提出大众传播的"四功能说",认为大众传播具备环境监视、解释与规定、传承社会遗产、提供娱乐这四种社会功能(Wright,1959)。其中,传承社会遗产功能主要强调大众传播通过记录、积累、保存、教育等形式,将文化、知识、智慧等传递给后世,并由后人进行传承和创新的社会功用。传媒教育即是以教育的形式,将传播学的逻辑、理论、技术、方法等系统、科学地传递给受教育者,以培养专门性人才的独立的认知结构、专业化的媒介素养与有效的逻辑判断能力。针对传媒教育(Mass Media Education)进行的研究始于20世纪30年代并由新闻教育(Journalism Education)相关研究发展而来,纵观八十年间的学界研究历程,研究成果主要集中在大众传播教育、新闻传播教育、新介质传播教育、融合媒体传播教育四大议题上(Masterman, L., & Mariet, F., 1994; Christ, W. G., & Potter, W. J., 1998; Thoman, 1999; Gordon, 2003; Jenkins, 2006; Jenkins, H., Purushotma, R., Weigel, M., Clinton, K., & Robison, A. J., 2009; Buckingham, 2013)。西方学者普遍认为不论是传统新闻、出版教育,还是新介质与融合媒体教育,宽泛意义上传媒教育的过程应当是传播者、媒体介质、受众之间信息输出、接收的双向互动过程,而非刻板的单向传受(Bowker, J., 1991; Piette, J., & Giroux, L., 1997; Kubey, R. W., 2003; Jenkins, H., 2006; Burn, A., & Durran, J., 2006; Carlsson, U., 2008)。

二、共情、共时、共建:基于场景的培育模式重构

基于场景的媒体再现是当下传媒教育的重要切入点和研究点。今天,从传统媒体到移动媒体,从传统网络到移动网络,都在为个体与个体、个体与系统之间的实时信息交互提供技术和环境便利。与此同时,受新技术冲击影响的培育模式也经历了由传统认知学习(Cognitive Learning)到场景学习(Scene Learning)的转变。场景学习即依托于互联网技术、移动技术等媒介通过特定场景设置使受教育者有效进入学习的一种模式,属于场景教学法的一种衍生类型,对受教育者进行沉浸式学习、共情学习具有重要意义。根据场景的界面形式,可以将场景划分为现实性场景、虚拟性场景和现实增强场景[表1(a)]。依托于新型

媒介技术的传媒教育发展至今日已不再被固定的现实场景框定,而是真正做到了数据化、移动化和个性化。在虚拟性场景和现实增强场景中获得沉浸式体验的受教育者不但能获得与现实教育场景中类似的交流与互动,更能在多维媒体设备的助力下将传统"一对多"的泛教育结构转化为更加专门化的"一对一"甚至"多对一"的精准教育结构;在场景的功能形式维度中,可将场景划分为实用性功能场景和社会性功能场景[表1(b)],基于接受教育在一定程度上满足了受教育者的自我实现需求、尊重需求和社交需求,可以将教育场景归纳为社会性功能场景。新型培育模式下的传媒教育以移动界面打破了时间、地域和文化的限制,在满足了受教育者社会功能性需求的同时,实现了受教育者与其他参与者的共时、共情,较大程度地提升了教育内容传播的流动性和无边界性,使得传媒培育更加高效。近年来的人机互动学习课堂、MOOC、edX、Coursera、Khan Academy乃至一系列教育类App、小程序,都为学习者打破时间、空间、文化限制,随时随地进行学习、交流提供了可能。

表1 根据界面形式、功能形式划分场景类型(喻国明、梁爽,2016)

(a)

场景类型	场景形态
现实性场景	电影院、车站、家庭、田野、教室、餐厅、咖啡馆、旅游景点等
虚拟性场景	线上聊天室、QQ Zone、微信朋友圈、Instagram、电影虚拟空间等
现实增强场景	计算机视觉、计算机图形等

(b)

场景类型	对应需求层次
实用性功能场景	生理需求
	安全需求
社会性功能场景	社交需求
	尊重需求
	自我实现需求

20世纪80年代,社会学家米歇尔·卡隆和布鲁诺·拉图尔提出行动者网络理论(Actor-Network Theory),认为科学成果的取得是社会网络结构中不同领域"行动者(Actor)"共同作用的产物。传媒培育模式的革新则是传统媒介技术、新兴媒介技术、政治要素、产业运作、文化体制等要素协同运作而产生的。2010年英国《卫报》(*The Guardian*)率先推出大数据新闻,由此开启了数据新闻的新时代。从内容驱动到技术驱动,技术和内容的双向互补带来了媒介产品新一轮的更新换代,对媒体从业者的要求也由传统意义上的"一专"演变为"多

专""多能",这对传媒教育的培育模式的重构和改革提出了更加严格的要求。以哥伦比亚大学新闻学院的新闻与计算机科学硕士项目(M.S. in Journalism and Computer Science,CU)、数据新闻硕士项目(M.S. in Data Journalism,CU)、纽约大学新闻学院的电玩新闻学硕士项目(M.A. in Digital Journalism,NYU)为例,高等学府的传媒教育模式不再仅限于对受教育者的传媒知识培养,而是更加看重对学生多维研究视角、综合业务能力的考量。在国外实验室制的模式框架下,不少高校将媒体议题与技术手段、自然科学研究方法结合起来,针对不同阶段的学生进行相应的专业能力训练和研究技能指导,从各个层面上整体提升培养对象的综合水平。如在近年来取得显著成果的内布拉斯加—林肯大学新闻学院的"无人机新闻实验室(Drone Journalism Lab,UNL)"、印第安纳大学传媒学院的"虚拟现实实验室(Virtual Reality Lab,IUB)"和以培养新兴媒体分析师和交互图表设计师等新型媒介技术人员为目标的密苏里新闻学院"未来实验室(Futures Lab,MSJ)"等,国内北京师范大学成立的"认知神经传播学实验室""虚拟现实创作实验室"等,都是技术驱动下传媒教育转型的典范。

三、从图灵测试到超级智能:新技术冲击下的培育生态更新

在个人被激活的新智能时代,大数据、人工智能、虚拟现实等新兴技术的发展革新不断推动传播媒介的格局创新与价值重构。内容网络、人际网络和物联网络加速了互联互通与深度融合,在基于大数据精准价值匹配的基础上,人与人、人与物、物与物之间的关系升级重构(喻国明,2017)。在全媒体时代的当今社会,依托于新型科学技术和逻辑认知的媒介生态正在从各个方面改变着受众的社会交往形式与信息收发方式。作为2017年最具突出发展趋势的新兴技术(Gartner,2017),人工智能、沉浸体验、数字平台成为备受关注的三大领域。自图灵测试(The Turing Test)在1950年被提出以来,伴随着智能车、人工腿、拓展记忆、情感机器人的问世,信息技术革命背景下的人工智能对人类社会的影响变得越来越不容小觑。从弱人工智能(Artificial Narrow Intelligence)到强人工智能(Artificial General Intelligence),再到超级人工智能(Artificial Super Intelligence),一方面,媒介与技术的高度耦合在一定程度上优化了用户的介质使用体验,拓展了用户对媒介应用、科技应用的判断与认知;另一方面,技术媒介的发展融合推动了信息场、知识场、技术场、价值场等多方场域的结合,促使媒介生态脱离系统舒适圈、为适应新的媒介形态进行更新换代。

1978年,生态经济学家郝灵提出生态系统模型(Ecological Systems Simulation Model),在此基础上,布朗芬布伦纳于次年提出生态系统理论(Ecological Systems Theory),强调嵌套于大环境系统中的一系列个体只有共生、相互影响才能形成应对外界干扰的稳定系统模式(Bronfenbrenner,1979),并构建出个体与其他个体、环境共生状态的生态系统模型(图1)。因此,在新型的媒介生态中,为保持系统模式的稳定,共处于社会系统中的不同学科作为相互独立的个体,从横向、纵向发挥学科的多维能动性到各学科不断交叉、融合并互相影响和创新,才是取得学科长足发展、保持研究视角鲜活度和新锐性的关键。20世纪50年代末,米尔斯在《社会学的想象力》中提出,受现代化推动所产生的社会科层化渗透到学术研究领域,在很大程度上会限制社会科学研究的活力(Mills,1959)。论著大胆阐述了学术科层化对社会学学科的视野限制与对不同学科之间互通有无的负面阻碍,对当下的学科发展、研究转型仍然有重要的启迪性作用。施拉姆晚年在对贝雷尔森的回应中也曾经强调,"我们有时忘记了

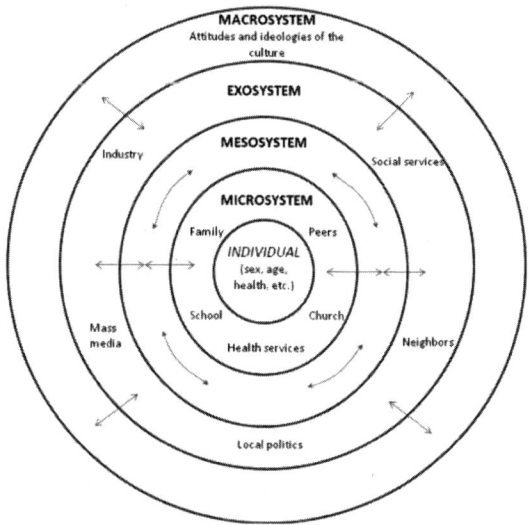

图1 个体与系统环境的生态系统模型(Bronfenbrenner,1979)

传播研究是一个领域,而不是一门学科(Berelson,1959)"。以倡导"多学科(multidisciplinary)"研究著称的麻省理工学院媒介实验室(MIT Media Lab)常常鼓励学生"忘记专业",以开放的眼光从不同学科中广泛汲取能量,并大胆应用于日常实践与学术研究。媒介实验室课题组曾利用计算机和无线电,借助可穿戴设备打造"流动界面",实现了人与真实物体的实时交互,打破了信息界面对使用场景的限制,为人类对界面的研究和认知开启了新的一页。

四、开放、制衡与创新:社会化媒体环境下的传媒教育走向

在技术驱动的当今时代,传统意义上的单向信息传受结构被打破,取而代之的是以受众为主导的多向、立体信息传输结构。在新的媒介传播语境中,人人都可以在第一时间实现信息的接收,同时他们又是相对独立和平等的信息发出者和传播者。用户需求、市场结构的改变为传媒教育的发展带来新的要求和挑战,如何看待日趋变化的传播逻辑和研究体系?如何通过更加适切的传媒教育对社会进步产生推动性作用?如何对传媒教育模式进行调整以适应技术、文化的生态变革?这些都是亟须讨论的一系列关键问题。

(一)开放互动,强强联合

在科学技术极速进步的今天,人类所面临的问题再也不是单一技术能够解决的,而是必须由不同学科、不同领域的成员开放协作、关联互动,在多向联合的大环境中随时准备跨域连接、共同进退。首先是不同学科之间的开放,高校传媒教育应制定"没有方向"的大方向,倡导和培养传媒教育者"一专多能""兼容并包",以开放的视角和眼光广泛汲取营养。传媒高校在提供丰富专业课程的基础上鼓励受教育者进入其他自然科学、社会科学领域探索,取其精华地借鉴国外优秀传媒教育模式和理念,培养有中国特色、适应中国国情的新时代传播人才。其次,学界与业界的互建互联在新的时代语境下也变得尤为重要。在人才培养过程中提倡传媒院校建立"多导师制",由学界导师、业界导师乃至其他专业导师共同完成对传媒人才的启蒙、引导、培养工作,在理论体系、专业实

操等方面综合提升受教育者的媒介素养与业务水平,为传媒业储蓄后备学术、实践的"适切性"人才。最后,多媒介之间的融合互动也成为顺应时局发展的重要议题。2014 年 8 月,中央全面深化改革领导小组审议通过《关于推动传统媒体和新兴媒体融合发展的指导意见》,对当前传统媒体与新兴媒体发展过程中面临的机遇与挑战进行深入分析,并对下一阶段的媒体融合进行了具体部署。可见新旧媒体融合、多媒体间融合将是未来传媒业发展的格局与趋势,这也决定了传媒教育未来的思路和方向。

(二)以学习者为中心,更加看重"长期效果"

信息传输结构的转变为教育模式的变革带来启示,信息时代人人平等的双向传受模式敦促教育范式的创新和转换。变"教学范式(Instruction Paradigm)"为"学习范式(Learning Paradigm)[①]"成为当下教学生态的重要取向。学习范式下的受教育者作为主体中心的意识被唤醒,开始强调教育过程中受教育者与施教者同等重要的双向互动和知识产出。在此基础之上,以学习者为中心的三种学习环境(Hannafin,2012)的提出受到越来越多的关注,它们分别是:开放式学习环境(SCOLEs)、个人学习环境(PLE)、虚拟学习环境(VLE)。新智能技术的发展为开放式、数字化的学习环境提供了支持,高校应当倡导以学习者为中心的全新培育引导模式,利用好国内外优秀开放教育资源(OER),重视场景学习对受教育者的教与学的意义;同时,在高校教育过程中应当有效利用现实场景教育和虚拟场景教育的双重作用,把握好教学过程中的内容及其互动模式,看重教育的长期效果,着眼于培养受教育者的综合媒介素养。

(三)技术驱动,预留"边缘创新"空间和时间

传播技术、传播生态对人们的媒介依赖、社会行动产生了重要的影响,技术的推陈出新引领着传媒业研究和发展的更新换代。以培养传媒人才为主要目

---

① "学习范式"在 1995 年由罗伯特·巴尔和约翰·塔戈正式提出,他们认为"教学范式将大学视作一个教学机构(提供知识的场所),长期以来在大学占据统治地位,而新的范式转换意在将大学建设成为产生学习的机构。由教学范式向学习范式的转换将改变一切(Barr,R.& Tagg,J. T.,1995)"。

的的传媒教育更应当紧跟技术潮流、放手革新,时刻保持教授内容和专业视角的鲜活度和敏锐度,才能保证未来的传播从业者不被时代所淘汰。在传媒教育的重构与转型过程中,一方面,应当把握好社会文化、技术、制度等要素的发展趋势,找准社会发展重心与未来趋势,在吸取国内外传媒教育优秀经验的同时,结合中国社会发展实情,有计划地培育符合学界、业界需求的高素质传媒人才;另一方面,在技术驱动下教育模式革新的过程中,应当有意识地为传媒教育"边缘创新①"预留一定的空间和时间,为"计划外"的内容、模式、生态创新和裂变留出相当的自组织空间。在以数字化、智能化为主导的互联网"下半场"时代,人人都可以成为传播场域中信息的发出者、传播者和接收者,平等化、个性化的导向为高等传媒教育带来新的要求和挑战,教育模式、内容的"边缘创新"就显得尤为重要:在不妨碍整体教育格局的前提下进行的边缘创新,既赋予了传媒院校以足够的自主决策权,使其拥有相对宽松的自我发展、自组织空间和时间,又在相对自由的个性化发展的同时为推动整体格局的发展与创新提供可能,从而保持宏观传媒教育的发展、健康与活力。

参考文献

[1] BARR R,TAGG J T. From teaching to learning:a new paradigm for undergraduate education[J]. Change,1995,27(6):12-25.

[2] BERNARD B.The state of communication research[J].Public opinion quarterly,1959,23(1):1-6.

[3] BUCKINGHAM D. Media education: literacy, learning and contemporary culture [M]. Cambridge:Poli-Press,2003.

[4] BURN A,DURRAN J. Digital anatomies:analysis as production in media education[J]. Applied & environmental microbiology,2006,70(4):2503-2507.

[5] BOWKER J.Secondary media education:a curriculum statement[G]. London:British Film Institute. 1991.

[6] JAUREGUIALDE B M.Empowerment through media education:an intercultural dialogue[J].

---

① "边缘创新"指的是,无论一个国家、社会还是一个企业,都要在自己的主流发展之外留出相当的自组织空间,允许在这些领域做一些非主流的事情、包容一些非主流的想法和做法(喻国明,2017)。

Media International Australia,2009,30(129):154-155.

[7] CHARLES R W. Mass communication: a sociological perspective[M]. New York: Random House,1959.

[8] CHRIST W G,POTTER W J. Media literacy,media education,and the academy[J].Journal of Communication,1998,48(1):5-15.

[9] JOHANSSON F.The medici effect: breakthrough insights at the intersection of ideas,concepts,and cultures[M].Harvard Business School Press,2014.

[10] KING G.Restructuring the social sciences: reflections from Harvard's institute for quantitative social science[J]. Ps Political Science & Politics,2013,47(1):165-172.

[11] LASSWELL H.The structure and function of communication in society[M]. New York: Harper's,1948.

[12] HANNAFIN M J.Student-centered learning[M]//SEEL N(Ed).Encyclopedia of the Sciences of Learning(Part 19).New York:Springer.

[13] HOLLING C S.Resilience and stability of ecological systems[J].Annual review of ecological systems,1973,4(4):1-23.

[14] HOLLING C S.The resilience of terrestrial ecosystems: local surprise and global change[G]. CLARK W C,MUNN R E.Sustainable development of the biosphere.London:Cambridge University Press,1986:292-317.

[15] HOLLING C S.Resilience of ecosystems:local surprise and global change[G].Clark W C, MUNN R E. Sustainable development of the biosphere. Cambridge (UK): Cambridge University Press,1986:292-317.

[16] HOLLING C S.Engineering resileince versus ecological resilience[G].SCHULZE P C.Engineering Within Ecological Constraints, Washington, DC, National Academy Press, 1996: 31 -44.

[17] HOLLING C S.Understanding the complexity of economic,ecological and social system[J]. Ecosystems,2001,4(5):390-405.

[18] JENKINS H,PURUSHOTMA R,WEIGEL M,CLINTON K,ROBISON A J.Confronting the challenges of participatory culture:media education for the 21st century[M]. Cambridge:The Mit Press,2009.

[19] JENKINS H. Convergence culture: where old and new media collide [M]. New York

University Press,2006.

[20] KUBEY R W.Why US media education lags behind the rest of the English-speaking world[J].Television & New Media,2003,4(4):351-370.

[21] MASTERMAN L,MARIET F.Media education in 1990s´ Europe:a teacher´s guide[M].Council of Europe,1994.

[22] MCLUHAN M.Understanding media:the extensions of man[M].Cambridge:The Mit Press,1964.

[23] MILLS C,Wright.The sociological imagination[M].New York:Oxford University Press,1959.

[24] THOMAN E.Skills and strategies for media education[J].Educational leadership,1999(56):50-54.

[25] BRONFENBRENNER U.The ecology of human development:experiments by nature and design[M].Cambridge,MA:Harvard University Press,1979.

[26] 吴飞.传播学研究的自主性反思[J].浙江大学学报(人文社会科学版),2009(02):121-128.

[27] 习近平.着力打造一批形态多样新型主流媒体[N].新华社,2014-08-18.

[28] 喻国明.试析互联网发展"下半场"规模经济范式的衰退与新可能[J].新闻论坛,2018(1):7-8.

[29] 喻国明.人工智能的强势崛起与新闻传播业态的重构[J].教育传媒研究,2018(1):95-96.

[30] 喻国明.互联网发展的"下半场":传媒转型的价值标尺与关键路径[J].当代传播,2017(4):4-6.

[31] 喻国明,梁爽.移动互联时代:场景的凸显及其价值分析[J].当代传播,2017(1):10-13+56.

[32] 喻国明.边缘创新与价值准则:互联网"下半场"的发展关键[J].新闻界,2017(10):34-38.

[33] 喻国明.未来传媒进化的大趋势及VR、机器人写作与知识付费[J].教育传媒研究,2017(4):95-96.

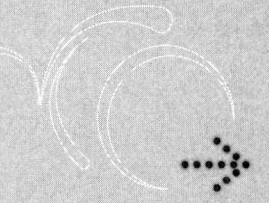

传媒教育前沿

我国电影艺术教育的发展现状、存在问题与观察思考

The development status, existing problems and observation of Chinese film art education

◆ 胡智锋　周建新*

HuZhifeng, zhou Jianxin

摘要：我国电影艺术教育已经具备了很大的体量与规模,形成了较为成熟的教育体系与人才培养模式。然而,我国电影艺术教育在快速发展的同时也暴露出了一些问题,尤其是在速度与效益、质量与数量、投入与产出之间出现了失衡,造成我国电影人才竞争力不足,距离国家、行业和社会的期许还有很大提升空间。十八大以来及今后一段时间,我国电影行业发展将面临"全球化""媒介融合""国家需求"等复杂语境,这对我国电影艺术教育提出了新的要求。因此,如何研判形势,着眼实际需求,作出大胆改革,是电影艺术教育工作的重点和难点。

Abstract: Chinese film art education has already possessed a considerable volume and scale and formed a mature education system and talent training pattern. In the meanwhile, some problems are posed with the rapid development of China's film art education, notably the imbalances of velocity and efficiency, quality and quantity, input and output, which causes insufficient competitiveness of Chinese film talents, there is

---

* 胡智锋,北京师范大学艺术与传媒学院院长,教育部"长江学者"特聘教授;周建新,中国传媒大学艺术学部本科教学管理办公室主任,助理研究员。

still much room for improvement comparing with the expectation of the state, of the industry and of the society. From the 18th CPC National Congress on, China's film industry is facing a complex contexts such as "globalization" "media integration" and "national demand", which puts new demands on China's film art education. Therefore, the key and difficult point in the work of film art education is how to judge the situation, to focus on current demand, and to make daring innovations.

关键词：电影艺术教育　中国电视人才竞争力　全球化　媒介融合

Keywords：film art education, competitiveness of Chinese film talents, globalization, media integration

电影行业发展与电影艺术教育关系密切。不管是电影创作质量的提升、电影观众的成熟，还是电影市场的繁荣，都离不开电影艺术教育的促进作用。近些年，我国电影行业获得了快速的发展，对我国群众社会精神文化生活产生了重要影响。电影艺术教育在为电影行业提供大量专业人才和浓郁的文化氛围的同时，也因此获得了发展的机遇。但是，与其他传统艺术门类及其艺术教育成绩相比，电影艺术和电影艺术教育还显得比较年轻，需要及时去总结经验并做出大胆探索。本文要探讨的话题就是梳理和扫描当前我国电影艺术教育发展的现状，分析当前存在的问题及其原因，并对电影行业发展趋势、电影艺术教育发展形势、未来电影艺术教育的发展进行研究。

一、我国电影艺术教育发展现状

电影艺术教育广义上包括电影艺术实践经验总结、电影理论探索研究、电影知识传承传播、电影人才培养培训等内容。可从五个层面理解其外延：在教育内容上，既有电影艺术实践经验借鉴、总结与交流，又有与电影艺术相关的专业人才培养和非专业技能培训，也有电影艺术学术研究，如电影艺术基础理论研究、电影政策研究和电影实践应用研究等；在教育层次上，包含了义务教育阶段的电影艺术素养教育、中等职业教育、高等院校电影专业教育，我国高校和科研院所的电影专业教育又包括专科、本科、研究生教育等层次;在教育方式上,既涵盖学校和科研院所举办的学历教育,也包括学校及社会各类教育机构举办的非学历教育与技能培训;从职业分布或行业就业上讲,包括导演、表演、摄影、录音、美术、文学、音乐、动画等电影艺术生产创作的全部流程或工种;从艺术形态来看,其涵盖了除电影艺术本身之外的表演艺术、摄影艺术、文学艺术、音乐艺术、舞蹈艺术、广播电视艺术、动漫艺术、数字媒体艺术等人类社会诞生以来的多种传统艺术和新兴艺术类型。我国电影艺术教育可以追溯到20世纪30年代,"这一时期前后,虽也有过培养人才的学校,但大多是短期训练式的,缺乏系统和全面的专业教学。电影作为一门独立学科进行系统的基础教育和专业训练,是在中华人民共和国诞生后,在中国共产党的领导下为发展人民电影事业建立起来的电影专业学校"[1]。本文的电影艺术教育指的是狭义层面上的,特指我国高校科研院所的电影专业人才培养教育。笔者曾撰文认为,"十八大以来,我国影视教育随着影视文化的发展变化也发生了翻天覆地的变化,从过去只有几十所进行影视教育的院校,到2012年前后接近200所,据不完全统计,现有影视专业教学点的院校已经超过了600所,其中有200所是常规招收本科生的院校,还有几十所高校开始招收博士和硕士研究生"[2]。而我国电影艺术教育同样得到了政府、行业、高校甚至全社会的普遍关注,获得了快速的发展,取得了优异的成绩,成为诸多高校办学的重点或是新的增长点,已经具备了很大的教育体量与格局,形成了成熟的教育体系与模式,具体可以从发展规模与速度、院校类型构成和学科专业建设三个方面分析。

(一)电影艺术教育的规模与体量

我国电影艺术教育的规模已经达到了一个相当大的体量,据推测,全国近半数的高校都以不同的形式在开办电影艺术教育,可见电影艺术教育在高校中的"占有率"是很高的。这个数字背后是每年相关高校要投入巨大的师资以及硬件设备场地,并有大量的毕业生源源不断投入到电影行业。今天的发展规模

---

[1] 北京电影学院官方网站:http://www.bfa.edu.cn/xygk/node_31.htm
[2] 胡智锋.十八大以来中国影视艺术发展纵览[J].现代传播,2018(1):96-101.

既是我国电影艺术行业发展的内在需求的推动,也是我国电影艺术教育发展成果的多年积累。学者周星把中国电影艺术教育发展概括为两个阶段:一是超速发展阶段,即2003年到2012年十年左右的时间;二是渐进发展阶段,即2012年艺术学科从文学门类中分开,升级成为独立的学科门类之后。2012年,电影艺术教育的主体学科调整到艺术学门类下的戏剧与影视学这个一级学科中。因为在第一个阶段,电影艺术教育极速扩张带来的负面效应逐渐暴露,所以最近几年,实际上是处于调整期。尤其是2017年前后,随着国家"双一流"建设和第四轮学科评估结果的公布,电影艺术教育发展还将处于进一步的调整升级中,由注重教育规模到注重质量和内涵,各个高校根据学校的资源配置和学科建设目标,对电影学相关专业和学位点进行适当的增设和减少都很普遍,预计可能会对整个电影艺术教育有较大影响,具体情况有待进一步观察。

(二)电影艺术教育的主要院校类型

从电影艺术教育的历史来看,我国电影艺术教育受海外的影响比较明显,尤以苏联模式和欧美模式(主要是美国)最为突出。国内电影艺术教育重镇——北京电影学院,从1950年创建的中央电影局表演艺术研究所开始,经过六十多年的发展,建设成为"亚洲规模最大、世界著名的电影专业院校"。办学之初,北京电影学院主要是学习莫斯科电影大学模式,这与当时的国际国内政治形势密切相关。陈犀禾认为,这与社会主义国家对艺术和人才的培养具有密切联系,关键词就是机器和螺丝钉,对人才培养的定位很明确、分工很精细,如编、导、演、摄、录、美等的划分。欧美的电影艺术人才培养以综合性的培养和少量专精尖的专业培养为主,如哈佛大学、麻省理工学院、纽约大学、南加州大学洛杉矶分校等。而日韩的电影教育也日渐注重综合性培养。随着时代的发展,教育模式也随之发生调整与改变。我们将来可能学欧美,在实践素养、动手能力上进行强化,特别是在专业学位教育中。

当前,我国电影艺术教育培养模式主要是专科培养和"电影+"模式并驾齐驱。综合起来分析,我国高校科研院所主要以三种形式扩建和组建电影学科:一是由原来新闻传播学学科延伸出的(广电类学校为主);二是以中文和少量的公共课延伸出的(综合性和师范类院校为主);三是以实验和计算机学科延伸出的(综合性和师范类院校为主)。这三种建设方式的教育主体构成了当前电影艺术教育的基本格局。从院校分布看,开展电影类专业教育的高校主要有专业类艺术院校、传媒类院校、师范类院校、综合性院校,以及其他类,诸如农、林、水、体育、军事等院校也开设了电影相关专业。艺术类专业院校依托自己的历史传统优势在电影艺术教育发展上占据着十分有利的位置,相当长一段时间里是电影艺术教育的主力军和黄浦品牌,如北京电影学院、中央戏剧学院、南京艺术学院、上海戏剧学院等。传媒类高校如中国传媒大学、浙江传媒学院、山西传媒学院、中国传媒大学南广学院、河北传媒学院、四川传媒学院等。而综合类和师范类院校依托自身的综合优势,从高校、行业当中引进了大批的高端人才,也迅速在这个领域崛起,如北京师范大学、北京大学、清华大学、浙江大学、南京师范大学、上海大学等;其他类院校则从自身的行业特点和优势出发,寻求与传媒的结合点,采用"电影+"模式,打特色牌,同样也在电影艺术教育中占据一席之地。此外,还有一种是政府资本、民营资本与高校的合作,建立独立的电影学院、传媒学院,如上海电影学院、首师大科德学院、燕京理工学院等。

(三) 电影艺术教育的学科专业设置

电影艺术教育在学科设置上主要依托艺术学门类下的戏剧与影视学一级学科,但是艺术学门类下的设计学、美术学、音乐与舞蹈学、艺术学理论等学科也与之相关,还与大量的交叉学科和新兴学科有关。2012年教育部对高等教育专业目录进行修订后,专业类增加到92个,专业数有506种,而艺术学门类下设5个类别,10多种专业都与电影艺术教育相关。戏剧与影视学类、美术学类、设计学类都有电影类专业,而其他一些专业,如音乐学、作曲与作曲技术理论、视觉传达设计、艺术史论等也根据学校特色或多或少与电影艺术教育相关。此外,各个高校在实际的招生尤其是在专业培养上,又在以上这些影视类专业下面设置了很多不同的培养方向。还有一种情形是,一些院校的电影类专业不是设立在艺术学科门类下,而是挂靠在相近的人文学科甚至是自然学科下面。总之,各个高校都强调自己的特色,电影艺术教育的专业设置十分精细。

电影艺术教育已经具备了如此大的规模和发展速度,而且规模增长趋势还在延续,这对于电影艺术教育相关学科和专业建设发展,以及电影行业发展,乃至对国家影视文化软实力的提升,都是一件好事。但是,在欣喜电影艺术教育发展成绩的同时还必须保持冷静思考,如何在速度与效益、质量与数量、投入与产出之间做到更加平衡,还需要更多的努力。

二、我国电影艺术教育发展存在的问题

电影艺术教育最根本的目标是培养电影专业人才。电影人才竞争力的有无和高低是评估我国电影行业发展的重要依据。对于电影人才竞争力的理解和评估,可以从多个维度去考量,诸如对内与对外、数量与质量、规格与类型、行业与社会、艺术与产业、创作与研究等。而对于当前的电影艺术教育,不管从哪个角度来观察,都能发现不同程度的问题和有待改善与提高的地方。

过去一个时期,我国电影艺术教育快速发展,甚至是超速发展,不可否认的是营造了比较火热的电影艺术教育氛围,但是也难免伤及电影艺术相关学科专业的质量。甚至一些高校对电影艺术教育的基本问题(如培养什么样的电影人才、为谁培养电影人才以及如何培养电影人才)都来不及仔细思考,就纷纷上马开设专业。概括而言,当前电影艺术教育发展存在三个方面的问题。

(一)电影艺术教育整体发展不充分不均衡

我国开展电影艺术教育的高校科研院所在硬件资源和软件资源配置上,存在着很大的差距。很多新扩张的院校,以综合类、趋向于专业类为主的一些院校为代表,它们限于办学能力和师资,只是停留在对北京电影学院、北京师范大学、中国传媒大学、上海戏剧学院等相关院校的模仿上。但是事实上,这个问题很难解决,以北京电影学院为例,它是以全科性的分科、每一科都是专业而占据中国电影创作半壁江山,且办学历史最悠久,如果把它做标杆的话,很多院校以此配置办学资源都有很大困难。这种不均衡体现在多方面。一是学科专业的

受重视程度不同。每个高校的优势学科和拳头专业都不尽相同,对于电影人才培养而言,任何一个高校都难以企及北京电影学院的规模和影响力,因此在学校资源配置上就很难占据十分有利的地位。二是优秀生源分布不均衡。电影的表演人才、摄影人才、录音人才、动漫人才、美术人才、音乐人才等各个方面的最具潜力、最优秀的生源都被北京电影学院、中央戏剧学院、上海戏剧学院等具有专业品牌影响力的院校挑走,不知名的院校只能在人才潜力和综合素养方面寻求一个"中和",优秀生源的获取直接决定着后续的人才培养质量和将来的成才概率。三是学科专业实力不均衡。在国家"双一流"建设的导向下,各高校都在内部优化学科资源布局,在外部抢夺优秀师资,以建设并备战下一轮的学科比拼和评估。这种竞争极有可能造成"强者更强,弱者更弱"的结果,因为无论是硬件设施还是软件资源都明显地趋向优势方。

(二)电影艺术教育与行业发展契合度不高

当前,电影艺术教育与行业发展出现一定程度的"脱节"现象,电影人才培养的目标与行业实践之间的契合度不高,主要表现在三个方面:一是行业所需人才与培养目标之间存在"误差"。无论是在质量还是数量上,高校的人才培养都无法与电影行业发展很好地吻合。也就是说,人才培养无法满足行业需求,如电影市场急需的高端人才、创新人才、综合型人才数量明显不足。仅从一个现象就可以说明问题。这些年,电影行业乃至全社会一直诟病的明星片酬问题,其最根本的原因是影视明星人才奇缺与电影行业发展过快造成的。"粥多僧少"自然僧要求的就多,要解决这些问题,不仅要靠政府相关管理部门在政策、机制等方面进行监管与引导,更为重要的是要培养更多优秀电影人才。二是教育理念与行业要求有较大差距。北京电影学院前校长张会军教授曾在一次会议上提到,随着我国电影院线建设步伐的加快,影院管理中所需的人才缺口在三四十万。这就是电影产业高速发展带来的新需求,当然,我们的专业教育是有其固定周期的,不可能一蹴而就,迅速作出反应。但是,它带来的启示是,电影艺术教育应该立足行业和社会实际,着眼于市场需求来进行教育理念的革新。三是很多电影专业人才不是通过高校专业培养出来的。这跟第二个问题有些类似,因为我们的教育跟不上行业发展步伐,或者是我们的教育模式相对固化,适应不了行业发展的新形势和新变化,但是行业本身对此又有强烈的需求,那么,其他行业或其他专业培养的人才势必会转行流动至此。例如,最近活跃在电影市场的一些新锐导演,其成长历程跟专业院校尤其是与其自身的专业培养关系不是特别大,有的是靠写作进来的,如韩寒、郭敬明等;有的是靠表演转型做导演的,如赵薇、陈思诚、王宝强、吴京等;还有一些歌星、文化名人做导演的,如高晓松、崔健等。北京大学艺术学院副院长陈旭光教授认为,"第六代之后的新导演,其导演方式和生存模式可以归纳为产业化生存、网络化生存、技术化生存"。与此相关的尴尬情形就是电影艺术教育培养的毕业生,反而找不到对口的工作,这就是现在电影艺术教育在人才培养上遇到的最大困境。电影人才培养这种不契合、不协调的困境产生的原因有很多,既与影视行业、互联网行业的急剧变化有关,又跟我们高等教育自身的培养理念、培养质量有关。

(三)电影艺术教育人才培养水准有待提高

培养水平不高是当前电影艺术教育发展的一大"瓶颈"。由于体制机制原因,影视类专业开办的审批监管不到位,专业教育质量评估又起不到严肃的制约作用,导致电影艺术教育出现了"野蛮生长"的趋势和特点,以致部分高校电影艺术教育盲目扩充,甚至在人、财、物、地、实验室、设备等基本条件不达标的情况下就开始招生,例如教学硬件上基本的场地、设备等严重不足,软件上也存在诸多问题,如师资数量与质量不足,课程体系欠缺,培养方案不科学或者执行不到位等。张会军认为,当前我国电影教育存在的主要问题体现在以下四个方面:一是人才培养定位模糊。人才培养目标似乎很明白,但实际是很含混的,是培养知识型还是技能型?相当多的学校是"跟风式"的发展,盲目办学,没有特色,没有定位。二是师资队伍水平有待提高。什么样的师资队伍是合理的?是要学位还是要工匠?师资应该是动态的、可发展的,理论和实践兼修,技能多元的,充满竞争的。国外的老师基本上是两个极端的老师,即历史理论批评的老师和业内工匠型的有经验的老师。这两种老师在大学里任教,专业领域不同,彼此之间没有矛盾,各上各的课。国内"中间地带多,两头少",所以造成"中间地带"互相攀比、互相制掣、互相竞争,矛盾也很多。三是课程设置有名无实。课程设置名不副实,课程内容和授课方式需要不断革新,适应90后、00后年轻人的学习心理。四是教学方法呆板乏力,难以调动学生的主动性和创造性。重讲课轻实践,动嘴多于动手。有的高校更多是讲,应该先讲后做,做完再讲,边讲边做,让学生动手。

我国电影艺术教育存在的以上这些问题,究其原因是多方面造成的,从不同的分析视角也会得出不同的结论。本文从教育的相关责任主体,即开展电影艺术教育的高校科研院所、专业以及学生本身出发去思考。如部分高校科研院所对于电影艺术教育的投入不足、电影专业对于学生实践创作能力培养的重视不够、电影专业学生学习的自觉意识和自主意识不强等。令人欣喜的是,教育部已经公布了所有本科专业的教学质量标准,将其作为本科人才培养质量的国家标准和基本要求。相信电影艺术相关专业"国标"的出台,会对以上这种盲目扩张办学的现象进行有效遏制。在电影人才培养质量上,我们不可能苛求每所学校都是世界一流、国内一流的水准,但是任何一所高校也不能因为强调自己的特色而忽略甚至无视电影教育基本的学科发展规律和专业建设要求。

三、电影行业发展新趋势及其对电影艺术教育发展的影响

十八大以来中国影视文化的发展面临新的环境,用三个关键词来表述,就是"全球化""媒介融合"和"国家需求"。这三种环境相互交织,构成了当前甚至今后很长一段时间我国影视发展的趋势,对于电影行业发展而言,同样如此。

(一)我国电影行业发展的新趋势

当前,电影艺术及其文化已经席卷全球,带给人类社会文化生活极其深刻的变革,成为全球整体文化语境中的重要内容。科学技术的发展特别是信息技术、网络技术、数字化技术的广泛应用,使得电影艺术的创造生产与科技力量的相互交叉融合更加紧密深入,直接影响电影的生产、传播与消费方式。这些都深刻影响着我国以及世界电影艺术的发展趋势和走向。作为一种行业特色鲜

明的专业教育,电影艺术教育尽管不可能跟着电影行业亦步亦趋,应该有自己的相对独立性,但是电影行业的这种新环境、新生态、新趋势对于电影艺术教育的影响不容忽视。

1. 全球化的深入对电影行业的影响

当今世界,全球化进程不可阻挡。这是一个很新的老话题,从哥伦布航行开始就有提及,甚至资本主义发展史就是一部全球化进程史。尽管在不同的历史阶段不同的国家有不同的表征和体现,甚至出现一些国家对全球化抵制的现象,但总体而言,全球化从经济到文化,步伐浩浩荡荡,从未停止。如果说在20世纪六七十年代,人们对麦克卢汉"地球村"概念还是半信半疑的话,那么进入21世纪,随着交通、通信等领域科技的快速进步,全球贸易的快速发展,世界各个国家之间的空间距离、心理距离都在不断缩小。如今,在市场化的作用下和信息化的高速发展下,文娱元素在全球市场快速流动并全部开放,电影产品也随之在全球市场快速流动普及。自中国"入世"以后,好莱坞的引进片在中国影院放映已经司空见惯。21世纪以来,电影主创团队的国际化已经成为很多国产大片的标配,中国导演、演员"走出去"与国际知名电影主创团队合作,或国际知名影星来与我国导演、演员合作的作品也不在少数。在产业经营方面,中国企业和资本"走出去"投资,甚至是收购国际知名的影视公司、院线的行为已经引起了国内外媒体的哗然。

2. 媒介融合、跨界融合对电影行业的影响

前些年,我们还在热议新媒体与传统媒体的媒介融合,打造全媒体的问题。我们惊叹传统的电影、电视综艺、电视剧、动漫、游戏之间的界限越来越模糊,电视剧中电影手法的大量使用,电视综艺节目已经衍生成为电影产品,一个热门的文学IP可以开发成游戏、动漫、电影、电视剧等。现在我们发现,媒介融合的案例已经是稀松平常,对于电影行业而言,已经不是新媒体与传统媒体之间的竞争合作那么简单,而是跨界融合的趋势不可阻止,更有愈演愈烈之势。电影艺术相关各个传媒艺术品种和类型之间的交叉融合,已经变成了地产、金融、矿业、建筑等其他行业资本强势进入电影行业,且努力在生产平台、创作平台、后

期开发等链条上全打通,组建全媒体文化集团,典型的案例就是万达对全球电影产业上、中、下游进行通盘整合,打造其电影帝国。

3.国家需求与职能彰显对电影行业的影响

公共文化服务、国家意志表达、国家声音、国家形象等国家"在场感"是由我国电影文化的政治属性决定的,而且随着电影产业化、市场化进程的加快,电影的国家需求也将得到彰显,它将成为我国电影文化政策调控非常重要的一个抓手,来保证其价值导向,并制约电影的泛娱乐化、低俗化倾向。从电影公益放映到全国艺术院线的建立,从新主旋律影片的市场大卖到电影公共服务的市场化探索,我们看到国家对人民群众电影观赏需求的重视,并为此付出的努力。

(二)电影行业发展新趋势对我国电影艺术教育的影响

电影行业发展的三大趋势构成了我国电影发展宏观的话语背景。在这种语境下,中国电影的生存环境显得格外复杂,在发展方向上面临着全球化与本土化的交织,在发展形态上面临着网络大电影与传统院线的竞争,在功能属性上面临着公益服务与产业经营间的困惑。全球化要求我们的电影艺术在全球浪潮与本土自觉中寻求发展之道,这是文化本体的必然要求;跨界融合则要求电影在跨界融合与自主创新中寻求生存空间,这是艺术主体的应有之义;国家意志表达则要求电影在产业利润与社会责任中寻求生存路径,这是电影文化责任主体的必然选择。这些新的形势和趋势影响了电影艺术的发展走向,包括对人才培养目标、培养方向、培养理念等多方面的影响。

1.电影艺术教育的责任意识和国情意识需要强化

世界各国的电影艺术有其共性也有其特殊性,这种特殊性是由各国的国情、政治体制等多种因素决定的,也是由电影艺术本身鲜明的意识形态特性决定的。因此,对于电影艺术教育而言,一方面我们在人才培养上必须有明确的世界观、价值观导向,来培养学生的文化责任和社会责任;另一方面,这种责任意识和国情意识也是我们电影艺术人才正确认识电影艺术,适应电影行业的必要前提。

2. 电影艺术人才拥有更大的舞台和更残酷的擂台

电影艺术全球化的竞争合作局面,加速了电影艺术生产资料在全球市场的广泛流动,这其中,竞争最为激烈就是专业人才。因此,对于电影艺术教育而言,一方面全球化的市场为我们的电影艺术人才培养找到了最前沿、最高端的出口和平台,拓宽了我们的就业渠道,提供了更多施展才华的机会;另一方面,我们的人才培养也面临着来自世界各大知名艺术教育院校的激烈竞争,考验我们的不仅仅是传统意义上的专业能力,而是国际视野里的专业技能和综合素质。

3. 电影人才培养体系需要兼顾基础性和灵活性

随着电影相关科技的不断进步及其在电影艺术创作生产流程中的实际应用的铺开,电影艺术的融合升级变革的速度还将提高。因此,对于电影艺术教育而言,一方面我们需要按照既定的人才培养目标和方案有序推进,夯实专业基础,强化理论积淀,提升实践创作能力;另一方面,我们的人才培养也不能故步自封、墨守成规,应该培养学生的创新意识、前沿意识,鼓励他们大胆探索。

电影艺术教育要研判行业发展的趋势,及时在培养方案、培养体系、培养模式中进行创新,迎接变化带来的挑战。

(三)我国电影艺术教育发展的基本形势及发展思路

当前及今后一段时间内,我国电影艺术教育发展面临着三大利好:一是国家对电影行业的高度重视。《中华人民共和国电影产业促进法》的实施,对于电影产业健康有序、持续发展的促进作用还将继续,政府对电影公共文化服务职能的认识,对人民群众文化权益的保障还将强化。同时,电影市场的火爆产生的经济拉动效应及其对整个社会精神文化生活的影响也值得更多期待。二是电影行业的整体规模将加大并快速发展。回望过去,在2001年我们的电影票房还不足10亿元人民币,到2016年已超过457亿元人民币。短短的14年,中国电影票房翻了47倍,跃居成为全球排名第二的电影市场。2017年,一部《战狼2》的票房已经逼近2009年全年的票房了。当前,中国的银幕数已经接近全球的四分之一。除了电影本身,电影的产业链也在日益丰富中,从电影作品这种上游产品到影城、影院等下游产品,都发生了很大变化,这些都为电影行业的未来发展奠定了基础。三是艺术学科的发展和"双一流"建设的实施。据国务院学位委员会[2011]8号文件发布的新修订后的《学位授予和人才培养学科目录(2011年)》,新增艺术学为第13个学科门类,下设5个一级学科,艺术学科升门类为电影类相关学科发展指出了明确的发展方向,开辟了广阔的天地,带来了巨大的发展机遇。而"双一流"建设作为一种全新的评价标准和评估体系,也能够推进学科资源的合理流动和有效配置。

电影行业的发展势头在给电影艺术教育带来巨大机遇的同时,也对其提出了强有力的挑战。我国电影艺术教育要想在复杂的行业背景、教育格局中有大的发展,需要在以下三个方面做出努力。

1.树立国际合作意识

全球化背景下世界各国电影发展都在开放的市场中交流、碰撞、学习。资本的流动、演职人员的流动、宣发的流动在WTO等相关政策的框架下呈现出不断融合、扩大的趋势。此外,就电影艺术教育本身而言,中国与欧美、日、韩等顶级的影视教育高校、传媒教育高校的交流与沟通频度日渐增强,包括师生交流学习、合作办学等。近年来,值得关注的一个现象就是中西方的合作办学,主要有两种:一种是高校影视类专业与国外知名高校的影视专业合作,诸如"2+2""1+3""3+1"或双学位硕士、联合培养博士等模式;第二种是整建制的国外模式,例如上海的温哥华电影学院,它得益于上海市政府的大力支持,依托温哥华电影学院成熟的电影技术和制作,定位为非学历性的电影艺术教育培训。因此,我们必须沉下心来,与国外高水平的高校加强交流合作,引进他们的教育资源,学习他们的办学模式。

2.树立媒体融合意识

当前的电影艺术教育在媒介融合和跨界融合的形势下发展,势必面临着美学的变化、技术与艺术关系的变化、产品形态的变化、产业格局的变化,所以需要用"大电影"思维来指导。所谓"大电影"思维指的是,电影艺术教育既要有传统的电影类型意识、职业意识,又必须有面向未来的新行业、新技术、新观念的融媒体、跨媒体、全媒体思维。以前的摄影艺术、广告艺术、电影艺术、广播电视艺术、动漫艺术、新媒体艺术在新的生产、传播和接受环境下,已经出现了边界的交叉融合。因此,电影艺术教育不能视而不见、听而不闻,而是要主动求变求新。例如电影衍生出了网络大电影和微电影等新的艺术样式,它们跨界相生。电影产业的格局则是在网络媒体及其他资本介入形势下变得更加复杂多变,电影行业自身以及电影与其他艺术类别之间的格局都发生了变化。在这种形势下,如果我们的电影艺术教育还停留在封闭的艺术品种和电影职业的教授和学习上,那将很难适应时代之需。

3. 树立特色办学意识

我国的传媒艺术教育具有中国特色,每个学校的传媒艺术教育又具有该校的特色,全国高校不能搞一盘棋的简单模仿、抄袭路子,而是应尊重实际,以特色制胜。这个"实际"包含三个层面:第一个层面是与世界其他国家相比,必须植根中国实际。其意思就是,我们的电影艺术教育必须尊重中国基本国情这个最大的实际,走中国特色办学之路。例如在电影意识形态属性上,我们就和西方有质的不同,我们的电影承担着鲜明的政治诉求功能,有着明确的政治导向和清晰的社会责任,这些意识都应贯穿电影艺术人才培养的各个环节,不能动摇。第二个层面是与其他艺术类型相比,必须依据电影艺术实际。其意思就是,我们电影艺术教育要遵行艺术教育规律,但是核心和落脚点还是电影艺术的创作特性、传播规律以及消费规律。第三个层面是与其他院校相比,必须从自己学校的实际出发。其意思就是,每个院校都有它自己的实际情况,"包括办学历史、办学优势、办学资源,这些是它们开办电影艺术教育的立足点,如果脱离这个实际,盲目学习照搬其他高校经验,往往会适得其反"①。

总之,在建设社会主义文化强国,推动社会主义文化大发展大繁荣的过程中,电影艺术是其中的重要内容,也承担着提升文化软实力、塑造良好国家民族

---

① 周建新,王珏.发力源、着力点、实施面:传媒艺术教育中创作实践能力培养三论[J].现代传播,2017(3):153-156.

形象的重要任务。而促进电影艺术大发展大繁荣,队伍是基础,人才是关键。人才的摇篮是高校和科研院所,欣喜的是,我国电影艺术教育发展势头和基本面良好,但是对于速度与效益、数量和质量之间的平衡问题还需要给予重点研究和关注。这需要教育管理部门、行业和高校共同努力,为实现中国特色电影艺术教育健康、快速、良性发展而不懈努力。

融合出版背景下高校编辑出版教育教学的改革探索

Exploration on the Reform of College Editing and Publishing Education under the Background of Integrated Publishing

◆ 范 军 刘晓嘉*

Fan Jun, Liu Xiaojia

摘要： 融合出版作为一种新兴出版范式，是新的生产关系必须符合新的生产力发展要求的结果。融合出版对编辑出版人才提出了新的要求，也对高校编辑出版专业教育提出了新的要求。高校编辑出版专业教育必须凸显专业理念、媒介融合、学科交叉。同时，编辑出版专业教育还要在学科归属、课程设置、师资建设、教学模式等方面进行必要的改革，以培养高素质的编辑出版人才，更好地为出版产业服务，为社会服务。

Abstract: Fusion publication, as an emerging model, is the result of new production relations that must meet new requirements of productivity developments. The fusion publication puts forward new requirements for editorial and publishing talents, and also puts forward new requirements for the professional education of editing and publishing in colleges and universities. The professional education of editing and publishing in colleges and universities must highlight the professional concept, the media integration, and the overlap of disciplines. At the same time, the professional ed-

---

* 范军，华中师范大学文学院二级教授、博士生导师，《华中师范大学学报》主编，华中师范大学出版科学研究中心主任，国家文化产业研究中心兼职教授；刘晓嘉，华中师范大学出版社高教分社社长、副编审、博士。

ucation of editing and publishing should carry out necessary reforms of subject attribution, curriculum arrangement, faculty building, and teaching and learning mode, to cultivate high-quality editorial and publishing talents, to better serve the publishing industry, and to better serve the society.

关键词：融合出版　编辑出版专业教育　培养目标　教学改革

Keywords：fusion publication, professional education of editing and publishing, cultivating goal, reform of teaching learing

2014年9月，中共中央办公厅和国务院办公厅下发了《关于推动传统媒体与新兴媒体融合发展指导意义的通知》。结合出版业的实际情况，2015年3月，国家新闻出版广电总局和财政部又下发了《关于推动传统出版和新兴出版融合发展的指导意见》。实际上，随着数字化、信息化技术的进一步发展，互联网思维对出版产业的进一步渗透，"融合"已经成为推动出版产业发展和出版事业繁荣必须直面的话题。

从产业角度来看，出版作为重要的媒体产业之一，其转型、升级、变革、融合深受媒介技术的影响。所谓融合出版，即是在媒介融合的学术语境下，顺应现代出版发展趋势，基于数字化技术和互联网思维产生的新兴出版现象，是解决传统出版和数字出版融合发展问题的新兴出版范式。[①] 融合出版以媒介的融合为基础，这种融合包括内容融合、渠道融合、平台融合以及经营和管理等几方面的深度融合。归根到底，融合出版是新的生产关系必须符合新的生产力发展要求的结果。以互联网技术为代表的信息技术飞速发展，深刻地影响了社会生活诸方面，特别是对传统媒体产业形成了很大的冲击。新的技术变革，必然推动生产力发展；而生产力发展，必然要求新的生产关系与之匹配。融合出版作为一种新的出版范式，它对国家宏观层面的规制、对出版产业的组织，乃至对出版企业的平台建设、产品研发都提出了新的要求。同样，融合出版对出版的重要主体——出版人也提出了新的要求。

在传统出版中，各媒体之间泾渭相对分明，对编辑出版人员的要求也各有

---

① 曹继东.基于数字化技术和互联网思维的"融合出版"[J].科技与出版，2014(9)：15-18.

侧重。但是在融合出版的背景下,各种媒体的交叉互融日渐成为常态,这就要求编辑出版人员既要掌握编辑出版专业技能,又要掌握新媒介技术;既要有扎实的理论基础知识,还要有丰富的实践经验。具体来说,融合出版时代编辑出版人才必须具备下列几种素质:一是丰富的跨学科的知识储备;二是分析整合出版资源和信息的能力;三是跨媒体的策划、经营与管理能力;四是熟练运用新媒介技术的能力。

高校编辑出版专业承担着培养编辑出版人才的重任,肩负着为出版业输送各级各类人才的历史使命。在数字化浪潮的激荡下,面临出版融合的趋势,高校编辑出版教育也必须解放思想,转变观念,主动与技术的变革、社会对人才要求的转变相适应,深刻反思现行人才培养模式以及教学方式中存在的不足,确定培养目标,创新培养理念,变革教学方式。

一、现行高校编辑出版教育存在的不足

我国高校出版教育以1953年建立上海印刷学校、1956年中央工艺美术学院开设书籍装帧设计本科专业和中国人民大学新闻系开设出版专业为滥觞。1978年北京印刷学院成立,标志着印刷高等教育的开始;1983年,武汉大学开办图书发行管理学专业,这是图书发行教育的起步;1985年,北京大学、复旦大学和南开大学开始招收编辑学专业本科生,出版工作编、印、发三大环节都有了相应的高等教育设置,我国编辑出版学高等教育的基本框架才正式构建起来。[①] 2010年,国家批准设立出版硕士专业学位,首批有北京大学、南京大学、武汉大学等14所高校获准招生。2014年,第二批获得出版硕士专业学位授予权的有青岛科技大学、华东师范大学、南昌大学等6所高校。几十年来,编辑出版学高等教育为我国出版业培养和输送了大量人才,对推进出版改革和出版繁荣做出了积极贡献。但是,回眸整个高校编辑出版教育的发展历程,依然存在一些不足,尤其在媒介融合的时代语境下,这些不足在新技术、新理念的冲击下显得格外突出。

---

① 黄先蓉,刘玲武.我国编辑出版学高等教育的回眸与思考[J].中国出版史研究,2016(3):119-129.

（一）高校编辑出版教育体系结构不完善

由于出版实践的需求，推进了高校编辑出版专业的设立。但在很长时间内，编辑出版专业并没有官方认可的、合法的、独立的地位，也没有得到学术共同体的肯定。在高校编辑出版专业教育起步以后，1987年，国家教委颁布的《普通高等学校社会科学本科目录》把图书发行管理学和编辑学均设为"试办"专业而不是正式的本科专业。直到1993年，这两个专业才正式列入本科专业目录。1998年专业合并后，教育部公布的本科专业目录中才有了"编辑出版学"。据统计，目前全国有83所高校开设了编辑出版学本科专业（其中5家开设有数字出版专业），但根据四川大学王炎龙教授的统计（见中国新闻史学会编辑出版研究委员会2017年学术年会论文集），在全国39所985高校中，仅有6所开设了编辑出版学专业；116所211高校中仅有13所开设了这个专业。可见，虽然全国开设编辑出版学专业的高校总数不少，但高层次大学并不多。另外，虽然编辑出版学本科教育和高等职业教育已经有了"正式"的身份，但是在研究生教育特别是学术硕士这一领域，依然没有理顺，研究生的学科和目录（包括硕士和博士）中依然没有"编辑出版学"。虽然多所高校采用设置"专业方向"或按相关规定设置二级学科专业并备案的方式来招录研究生，但仍旧有些名不正言不顺，这种设置的随意和不规范、不统一带来的弊端是明显的。各高校编辑出版学专业研究生教育依托的学科不一致，或隶属于汉语言文学，或归并于新闻传播学，或挂靠信息管理学，或依托于艺术学，等等，不一而足，结果是专业名称也不尽相同。虽然在培养目标上大同小异，但在具体的培养模式和课程设置等方面却有较明显的差异，导致培养目标与学科建设的关系没有完全理顺，编辑出版学的学科归属和专业归属到了研究生层次显得比较混乱。

（二）课程体系设置不完全合理

课程是教育教学活动最重要的物质载体，不仅决定着教育教学质量，而且决定着人才培养质量。经过几十年努力，高校编辑出版专业在课程设置方面初步形成了史、论、应用与现代出版技术相结合的课程体系，专业基础课、必修课、选修课、实践课也大体完备。但由于高校编辑出版专业教育体系不完备、学科归属不明确,导致在课程设置上仍存在一些不尽合理之处,主要表现在以下几个方面:一是挂靠学科不一致。各学校根据所依托的一级学科的差异,其课程设置也有较大不同。例如,挂靠在中国语言文学之下的编辑出版学,往往就偏重于语言文学类课程的开设;附属于新闻传播学的,则侧重传播学方面的课程,并没有完全根据培养目标来制定更具特色的培养方案,开设相应课程。二是重理论轻实践。编辑出版学作为一门应用学科,理当重视实践课的开设。而我国的编辑出版学大都脱胎于文史院系,本身就有重学轻术的传统。从目前课程设置的情况来看,实践课虽有,但所占比例并不高,本科院校实践课程大概只占到总培养计划学时的15%,这和国外理论课与实践课大约1∶1的比例是有很大差别的[1]。三是重编辑技能,轻经营管理。根据中国编辑学会教育专业委员会(筹)、《中国编辑》杂志社2011年的调查报告,目前编辑出版学专业的主要课程集中在编辑出版理论(87%)、出版史(83%)、书报刊编辑业务(83%)及新媒体编辑业务(83%)等方面[2],而创意策划、经营管理、市场营销方面的课程明显不够,导致培养出来的编辑出版人才与社会实际的需求脱节。

(三)师资力量不够强大

教师团队是教育教学活动的关键因素,是教育教学活动的重要主体。师资力量是限制高校编辑出版教育快速发展的又一瓶颈。由于编辑出版学依托的学科各不相同,赖以存身的院系(或放在文学院,或隶属新闻与传播学院,或寄身于信息管理学院等)也不相同,从专业教师的构成来看,相当一部分来自所挂靠的院系,这些教师的专业背景也大多与所挂靠院系有关。兼职教师则以出版单位的资深出版人、有高级职称的出版专业技术人才为主。"双师型"教师明显不够,大多数专任教师并无出版业从业经验,更缺乏融合出版所需的跨媒体、跨专业的综合素质和能力。有些聘请的业界老师(研究生导师)因为政策跟不上,

---

[1] 李建伟.媒介融合趋势下的编辑出版专业人才培养模式探索[J].河南大学学报(社会科学版),2011(3):147-151.施勇勤.我国出版专业教育现状与发展对策[J].出版发行研究,2017(1):67-72.
[2] 中国编辑学会教育专业委员会(筹),中国编辑杂志社.开拓资源,创新模式,促进编辑人才培养:编辑出版专业人才培养调查报告[J].中国编辑,2011(3):67-74.

要求不明确,培训没到位,以至徒有虚名,并未起到应有的作用。

(四)教学方式不够丰富

课程体系设置的不完善,导致理论课程、文史课程的开设偏多;师资力量薄弱,大多数专任教师的学科背景是文史学科,对新媒介技术掌握不够,缺乏实际从业经验。这两者集中表现在教学方式上,教学依然以灌输式的讲授为主,某种程度上忽略了学生的主体地位;讲授内容大多是从理论到理论,缺乏鲜活的案例教学和实践教学,特别是体系化的案例教学模式没有形成。这都影响了实际的教学效果,影响到了学生学习的主动性、拓展性和积极性。

二、编辑出版教育的理念与追求

随着经济的发展,人们的精神文化生活需求也日趋旺盛。出版产业作为文化产业的核心层,必将在新的时代驶上发展的快车道,也需要越来越多的编辑出版从业人员。在融合出版的背景下,对编辑出版人才有了新的要求,培养目标势必也要发生相应的变化。

(一)凸显专业理念,强调"大文化观"

出版产业既有产业的属性,更有文化的属性。在我国,出版的第一属性仍然是其文化属性,第一效益仍然是其社会效益。高校编辑出版专业教育,仍然要凸显专业理念,强调"大文化观",即突出编辑出版人才的"把关人"角色,激发他们对优秀传统文化的认同感和自豪感。专业理念是对职业本质属性在认知基础上形成的职业理想、职业道德、职业态度和职业作风,规定了编辑出版人才的精神追求和价值取向。没有责任感、使命感和对职业的认同感,便不是合格的编辑出版人才。晚清以来,灿若群星的中国编辑出版大家无一不是把出版业作为自己人生理想的依归,无一不是把传播中外优秀文化、积累人类文明成果作为自己的责任和使命。在融合出版的背景下,这一理念依然具有深刻的意义。各种介质的出版交融互通,不仅仅是纸质出版,对新形态的出版,比如网络游戏、网络文学、网络广告等,编辑出版人才依然要把它归为大文化的一部分,依然要强调其文化属性和主流的价值观,而不能沦为经济的附庸,使之成为单纯的商业工具。

(二)凸显媒介融合,强调"大出版观"

随着科学的进步及数字技术和互联网技术的发展,出版的媒介和传统的途径都发生了巨大变化,但出版是内容产业,编辑出版人才在内容优选优化上的功能没有变,出版业、传媒业"内容为王"的本质没有变。编辑出版专业教育的培养目标,必须凸显媒介融合,强调"大出版观"。图书、报纸、期刊等传统出版的纸质媒介借用现代科学技术可以焕发出新的神采。可以说,纸质出版各载体之间的界限正在消解,纸质出版正在向多媒体的立体融合出版发生转变。将来的出版,必然是各种内容、各种媒介、各种渠道、各种平台相互交融的大出版。时代的变革,技术的发展,必然导致出版业态的转型,也必然会对编辑出版人才提出更全面、更高层级的要求。编辑出版教育的培养目标,理应体现这一转型,契合这一需求。

(三)凸显学科交叉,强调"大教育观"

在媒介融合的视野下,融合出版强调的是全媒体运营,新型的编辑出版专业人才必须符合"复合型、应用型、创新型和学习型的要求,并具备全媒体内容生产能力、全介质传播能力和全方位经营意识"[1]。因此,编辑出版专业教育的培养目标必须凸显学科交叉,强调"大教育观"。从学习宽度来说,单纯囿于某个学科、某种专业知识的学习显然已经不够,因此要突出通识教育、对各学科交叉知识的学习,特别是要突出对现代数字技术的学习,培养文理兼通的"通才"。从学习长度来说,教育应该在时间上贯穿人生全程,对编辑出版专业人才来说,学校教育结束后的继续教育尤其重要,要把职前、职中、职后教育很好地结合起

---

[1] 马持节.全媒体编辑出版专业人才培养创新研究:以广东财经大学编辑出版学专业改革为案例[J].中国编辑,2014(4):74-78.

来。编辑出版专业教育应该树立"终身教育"的理念,应该有理论—实践—理论这一循环往复的过程。

三、编辑出版教育改革的重要举措

在融合出版的背景下,现行高校编辑出版专业教育的问题日渐凸显,培养目标势必发生相应的变化,由此,编辑出版教育也要迎合行业发展需求,进行必要的改革。

(一)明确学科归属,明晰培养层次

从编辑出版学专业创办以来,它在专业教育体系中的地位一直没有被完全确定。《学位授予和人才培养学科目录》(2011)中共有 13 个学科,下设 110 个一级学科、409 个二级学科(学科、专业),这里面并没有编辑出版学专业。"学科目录是高校办学、招生、设置专业、开设课程以及培养师资进行学科建设的体制性根据。如果学科专业目录定得不好,高校很难自主地、顺利地进行学科建设和专业发展,甚至连课程体系、师资培养都难以搞好,教学质量自然也难以提高。"[①]要发展编辑出版专业教育,必须给予编辑出版学应有的学科地位,明确其学科归属。

此外,还要建立从高等职业教育、本科教育到研究生教育的层次分明的高等教育体系。融合出版对编辑出版专业人才的需求是全方位、多层次的。既要有一般的应用型人才,也要有较高层次的管理人才和研究型人才,还要有复合型人才。编辑出版专业高等职业教育应当以培养应用型人才为主,其中,本科教育培养复合型人才,研究生教育(包括博士生教育)则以培养高级管理人才和研究型人才为主。唯有明晰了不同阶段、不同学校的培养层次,才能根据对培养目标的定位,做好专业教育。

---

① 黄先蓉,刘玲武.我国编辑出版学高等教育的回眸与思考[J].中国出版史研究,2016(3):119-129.

(二)宽基础,厚专业,各学科交叉培养

这里的基础指的是编辑出版学学科知识的基础,专业指的是编辑出版学以外的某学科知识。根据已有的调查显示,我国的编辑出版专业教育面临一个很现实的窘境:大多数出版企业并不愿意招用所谓科班出身的编辑出版专业的毕业生。出版社、期刊社、新媒体公司如果需要中文编辑,往往会从汉语言文学的学生中招用;如果需要数学编辑,则从数学专业的学生中选录。出版单位普遍认为,专业学科知识比编辑出版基础知识更为重要。据北京大学组织的一项调查显示,被调查的164家出版单位中,明确表示需要编辑出版专业毕业生的仅为15%[①]。实际情况也确实如此,没有专业知识背景,仅仅拥有编辑出版专业技能,很难适应编辑出版人才的需求。这也是一些名牌大学、重点高校纷纷停办编辑学本科专业的一个重要原因。因此,编辑出版专业教育要拓宽基础,掌握编辑出版各环节所需要的基本知识,同时要依托所在高校的优势学科,加强专业学习,使每个人都能成为既通晓编辑出版技能,又有某种专业背景的复合型人才。

各学科交叉培养是一条可行的路径。在学分设置上,既要求学生必修编辑出版各环节的核心课程,又要根据学校的学科优势和学生的兴趣,选修另外一门专业学科的课程。学生必须同时达到两个学科的基本学分要求才能毕业,即实行"辅修制"或"双学位制"。另外,本科教育还可尝试设置"2+2"的培养模式,即大一、大二分散在汉语言文学、数学、经济等专业学习,大三、大四再集中学习编辑出版专业的课程。研究生教育则侧重从非编辑出版专业的学生中招录,以达到各学科交叉培养的目的。

(三)科学设置主干课程和辅助课程

目前,各所高校的编辑出版学(包括数字出版)的培养方案大致可以分为语言文化类课程、综合素质类课程、专业基础类课程、专业课程和实践课程等几大

---

① 向敏.略论增强编辑出版专业学生就业竞争力之策略[J].中州大学学报,2012(6):44-46.

模块。相对来说,从主干课程来讲,更偏重于编辑出版史、编辑出版理论、传统编辑实务等课程的开设。而融合出版所需的全媒体创意策划、经营管理、数字传播技术等课程的设置相对不足。因此,在编辑出版专业主干课程的设置上,应充分考虑融合出版的需求,改变过于偏重编辑的情况,从以编辑学为中心逐步转移到以"大出版"、融合出版为中心上来,加大出版经营管理、财务管理、市场营销和创意策划等方面课程的比重。

在辅助课程的设置上,则应该加大现代媒介技术知识的比重,开设诸如数字媒体技术与应用、数字媒体编辑、数字版权管理、大数据出版、数字营销等课程,以适应数字化和融合出版的需求。

(四)打造合理的师资队伍

教师团队建设是提高编辑出版专业教育质量的基本保证。在融合出版背景下,尤其要重视师资力量的培养。在许多高校里面,编辑出版专业教师的知识背景偏重于文史学科,年龄偏大,结构不合理,尤其是对数字媒体时代的多媒体融合不熟悉。因此,必须要建构结构合理的师资队伍,既要有懂理论、重科研的成熟骨干教师,还要有懂技术、会应用的年轻教师,更要引进出版业界的高端人才,与学院派互为补充,打造"双师型"教师,充实教师力量,完善教师的知识结构,还要加大对教师进行继续教育的力度,促进教师队伍的合理流动。尤其要加强对教师队伍的再教育和培训,让教师去出版文化企业挂职锻炼,或出国进修提高,了解国际出版教育发展趋势和好的经验。

(五)重视实践教学,产学研合作培养

编辑出版学是一门应用性很强的学科。在融合出版的背景下,更需要将理论与实践结合,加强对编辑出版专业人才的实践能力和动手能力的培养。在编辑出版专业教育中,强化实践教学,首先要总体上增加实践课时比重,其次要调整实践内容,将传统的实践内容调整为与融合出版相关的新实践内容。

产学研合作培养,是融合出版时代强化实践教学的可行路径。以产学研一体化的视角来指导编辑出版专业实践教学,真正根据市场的需求来设置实践课程,使编辑出版专业教育的理论与实践紧密契合,"形成以市场需求为导向,整合出版报业集团、高校研究所、相关系科专业三者资源,发挥各自特点与优势,将编辑出版学的课堂理论教育与实际的编辑出版工作、科研实践有机结合起来,形成人才、科研与市场的良性循环"[①]。

从实践教学的环节来讲,编辑出版专业的实践教学应突破现有形式,既可以继续设置课程实习、假期实习、专业实习,又可以设置阶段实习,乃至以融合出版项目驱动的方式,由学生自主完成一个完整的融合出版项目,熟悉出版产业链各个环节。[②]

(六)突出学生主体,注重教学方法

现代高等教育在纵深向度上的极大发展,对教育理念的更新、教学设计的转化提出了更高更新的要求。在融合出版背景下,编辑出版专业教学要充分调动学生的积极性,实现学生的主动性学习、探究式学习、创造性学习。在这一教学平台上,教师是"潜在"的,学生成为主体,教师主导教学内容的开发设计,学生创造性参与,学生不再被动地、填鸭式地学习,教师与学生之间形成良性的、互动的交流,教与学相互促进。这种教育理念,也与媒介融合对编辑出版专业人才的素质要求相契合。

在教学方法上,可以采用多种方式来提升编辑出版学专业教学效果。如翻转课堂、拟态实验教学、案例教学、学生反串教学[③]等都是可行的路径。为满足融合出版的需求,高校更要率先垂范,搭建数字化资源学习平台,为学生创造自主性学习、拓展性学习和碎片化学习的环境。数字化资源学习平台要整合各高校优质课程资源、各出版企业融合出版的实际案例,搭建师生、生生、师师良性和即时交流的互动平台。比如说案例教学,是以案例为基本教学内容,以师生互动为基础,以全面提升学生的管理能力为目标的新型教学方法。我们需要在编辑出版专业尝试类似哈佛商学院那种体系化的案例教学法,而非让案例仅仅

---

① 陈洁,陈佳.产学研一体化视角下编辑出版学专业课程教学改革模式探索[J].中国出版,2014(1):35-37.
② 王武林.数字化进程中的编辑出版专业实践教学改革探索[J].出版发行研究,2011(12):54-56.
③ 冯婷.编辑出版学专业高效课堂教学法的实践与思考[J].湖北第二师范学院学报,2015(10):107-110.

是课堂、教材中的零星点缀。①

总而言之,立足数字化时代,在融合出版的背景下,高校编辑出版教育在总结历史成绩和经验的基础上,也必须正视现行教育模式中的种种困难和问题,不断更新教育理念,确立新的培养目标,变革教育方式,进一步推进课程建设、教材建设和队伍建设,全面促进学科发展。唯有如此,才能更好地为出版产业的发展服务,为出版事业的繁荣服务,为我国从"出版大国"走向"出版强国"贡献力量。

---

① 范军,曾建辉.体系化案例教学:编辑出版学教学改革的重要途径[J].现代出版,2016(1):49-51.

2017年中国新闻传播教育的新进展与新观点*

New Progress and New Views of Chinese Journalism and Communication Education in 2017

◇ 王继周　罗以澄**

Wang Jizhou, Luo Yicheng

摘要：本文以新闻传播教育实践与研究为线索，对2017年中国新闻传播教育中的一些新做法、新观念、新思路进行检视，主要围绕新闻传播教育专业认证的开启、新闻传播学博士学位授权点的"扩军""部校共建"的回顾与探讨、新闻学院院长的德性与教师的困境、新闻传播教育的支点错位与供给侧改革、中国舆论学人才培养体系的设想、复合型人才的培养与数据教育转向等展开。文章还对师范类院校新闻传播教育的现状，以及2017年召开的有关新闻传播教育的学术会议进行了梳理。

Abstract: This paper examines some new practices, concepts and ideas in China's journalism and communication education in 2017, focusing on the opening of professional accreditation of journalism and communication education, the "expansion of the army" and the "co-construction of ministries and schools" of the authorized doctoral degree of journalism and communication. Discuss the moral character of the dean and the plight of the teachers, the dislocation of the fulcrum of journalism and communication education, the reform of the supply side, the assumption of the training system

---

* 基金项目：教育部人文社科重点研究基地重大项目"互联网传播形态与中国传播能力建设研究"（项目编号 17JJD860003）的阶段性研究成果之一。

** 王继周，武汉大学新闻与传播学院博士研究生；罗以澄，武汉大学新闻与传播学院教授、博士生导师。

of public opinion talents in China, the training of compound talents and the turning of data education. The article also reviews the current situation of journalism and communication education in normal colleges and universities, as well as the academic conference on journalism and communication education held in 2017.

关键词：专业认证　学位授权点　部校共建　人才培养　数据教育　教育范式
Keywords：professional accreditation, degree authorization points, ministry and school co-construction, personnel training, data education, education paradigm

为"报界"培养胜任的新闻专业人才是19世纪后半叶将新闻教育引入现代大学教育的渊薮。种种因缘际会之下，传播学与新闻学列为"一家"，名曰新闻传播学；因应如是逻辑，新闻教育被扩展为新闻传播教育。1997年，中国新闻学和传播学擢升为一级学科"新闻传播学"，至今已经走过二十年的发展历程。倘若以1918年北京大学新闻学研究会的成立为起始，那么，我国的新闻传播教育事业庶几百年。值此之际，本文围绕新闻传播教育实践与研究，对过去一年(即2017年)新闻传播教育中的一些新做法、新观念、新思路进行检视。

一、新闻传播教育专业认证的开启

2017年5月，中国传媒大学成功获得全国高校新闻学专业认证，成为全国高校新闻学专业中第一家获得教育部专业认证的试点单位，并且直接进入了专业认证的第三级(教育部专业认证划分为三个等级，第三级为最高级)，这标志着教育部专业认证实践在我国高校新闻传播教育中拉开了帷幕。教育部高等教育教学评估中心周爱军指出，通过打造一批新闻专业的国家队，进而发挥他们在新闻专业人才培育方面的引领作用，可以说是这次新闻专业认证的初衷。作为本次认证专家组组长的林如鹏认为，专业认证是按照特定认证标准，由国家专门性认证机构就专业性人才培育状况而展开的一种外部评价，也是我国本科教学评估制度中的重要环节，旨在透过此举培育一批既具有中国特色又能够达到世界水平的一流专业人才。①

所谓专业认证,是指专业性认证机构针对专门性教育机构发起实施的一种专门性认证,是专业认可的体现。新闻学专业认证便是专业认证机构对新闻教育单位开展的一种专业能力上的评估和认证。② 在西方新闻传播教育领域,专业认证有着较早的实践。例如,成立于 1945 年的 ACEJMC(全名为 Accrediting Council on Education in Journalism and Mass Communications)③便是美国新闻传播教育领域中最具权威性的认证机构。截至 2017 年 8 月,全美国有 118 所高校的新闻传播专业通过了其专业认证,占据美国新闻传播教育的 25%。④ 这次,中国传媒大学新闻学院通过专业认证,在中国新闻传播教育界开了先河。

二、博士学位授权点的"扩军"

2017 年经国务院学位办审核,8 所高校的新闻传播教育单位获批"新增新闻传播学一级学科博士学位授权点",分别为深圳大学、上海交通大学、天津师范大学、湖南师范大学、南昌大学、安徽大学、郑州大学、西南政法大学。与此同时,中国社会科学院研究生院和南京师范大学升级为新闻传播学一级学科博士学位授权点,不再保留原有的二级学科博士学位授权点(中国社会科学院原有新闻学和传播学两个新闻传播学二级学科博士学位授权点,南京师范大学原有新闻学二级学科博士学位授权点)。在这次国务院学位办审核中,还新增了广东外语外贸大学等 14 个新闻传播学一级学科硕士学位授权点,中国社科院研究生院等 10 所高校的二级学科硕士学位授权点升级为一级学科硕士学位授权点。另外,还新增了北京外国语大学等 55 个专业硕士学位授权点。

中国内地的新闻传播学科博士教育肇始于 20 世纪 80 年代。1984 年 1 月,国务院批准《第二批博士和硕士授予单位名单》,中国人民大学和复旦大学首批

---

① 我校新闻学专业接受教育部认证[EB/OL].http://www.sohu.com/a/141931235_407314.
② 谢丹,丁迈.专业认证:我国新闻学专业教育质量保障的创新之维[J].现代传播,2017,39(10):143-147.
③ 其前身是 1945 年成立的新闻教育评议会(American Council on Education in Journalism),1980 年更名为美国新闻与大众传播教育认证委员会。
④ 谢丹,丁迈.专业认证:我国新闻学专业教育质量保障的创新之维[J].现代传播,2017,39(10):143-147.

获得了新闻学博士学位授予权,并于 1985 年开始招生。1998 年,国务院学位委员会通过《第七批博士和硕士学位授予单位名单》,中国人民大学与复旦大学获得传播学博士学位授予权,成为具有新闻传播学一级学科博士授权点的高校。与此同时,中国社会科学院研究生院和中国传媒大学分别获得新闻学博士学位授予权。1999 年,武汉大学获得新闻学博士学位授予权。因此,在 20 世纪,我国先后有 5 所高校拥有新闻传播学科的博士学位授权点。

进入 21 世纪以来,新闻传播学博士教育发展迅猛。2000 年与 2003 年,中国传媒大学和武汉大学相继获得新闻传播学一级学科博士学位授予权。2003 年,华中科技大学和清华大学分别获得二级学科新闻学和传播学博士学位授予权。三年之后,这两所高校由原来的二级学科博士学位授予权升格为一级。同年,厦门大学、上海大学、山东大学、浙江大学等 4 所高校获得二级学科传播学博士学位授予权;南京政治学院、南京师范大学、四川大学、暨南大学等 4 所高校获得二级学科新闻学博士学位授予权。2010 年又有 9 所高校成为新闻传播学一级学科博士学位授权点,它们是浙江大学、华东师范大学、山东大学、上海大学、北京大学、四川大学、厦门大学、河北大学、暨南大学。经过 2017 年博士学位授权点的"扩军",目前中国内地共有新闻传播学一级学科博士学位授权点 25 个;与 20 世纪末相比较,正好是其 5 倍。

三、"部校共建"的回顾与探讨

"部校共建"是中国新闻传播教育的一种特色实践,也是创新中国新闻传播人才培养机制的一项重要举措。这一新闻人才培养范式始于"复旦模式",即 2001 年 12 月底,中共上海市委宣传部与上海复旦大学签订联合建设复旦大学新闻学院的协议。2013 年 12 月底,中宣部、教育部在总结"复旦模式"经验后将其推广至全国;随后,全国各地掀起了一股"部校共建"的热潮。根据时任复旦大学新闻学院院长尹明华的观点,"部校共建"主要由以下四个部分构成:一是不仅要让学生前往媒体机构实习,还要将业界导师请到学院为学生上课;二是安排学校教师前往媒体机构挂职锻炼;三是业界和高校进行媒体项目融合;

四是借助共建为媒体机构和其他社会组织提供新闻传播培训服务。①

"部校共建"经过十余年的实践,一些高校及其学者对其存在价值与运作过程进行了认真的总结和思考。南京大学杜骏飞教授认为,"部校共建"折射出"政产学研"合作的历史轨迹,它的实施客观上疏通了政府组织和学校机构两者间的合作路径,这一过程也是两者间互相优化、吸纳社会资源的良性互动过程,更是繁荣我国哲学社会科学的有益实践。②复旦大学尹明华教授则以复旦大学新闻学院为切入口,探讨了"部校共建"项目中值得注意的问题,概而言之,主要有以下两点:一是"部校共建"应该走出校园(科研和教学)的围墙,走向社会,积极为社会发展服务;二是重视"部校共建"过程中因规模较大、涉及人员众多等现实问题而可能产生的权责关系模糊等合作难题。③

四、新闻学院院长的德性与教师的困境

高校新闻学院院长的德性、学识、眼光、魄力等是新闻教育的主要影响因素之一,而新闻学院的教师作为知识的传授者和真理的追寻者,是新闻传播教育"传道、授业、解惑"的另一个重要主体。

(一)我们需要什么样的新闻学院院长?

我们需要什么样的新闻学院院长?这是一个重要而又长期为人所忽略的问题。2017年,时任华中科技大学新闻与信息传播学院院长的张昆提出了这一疑问,在他看来,作为新闻学院灵魂的赋予者,一所好的新闻学院总离不开一位优秀的新闻学院院长。④进而,他认为,一位优秀的新闻学院院长应具备以下三种德性:一是特有的人格魅力、大爱情怀和牺牲精神;二是可贵的意志品质和强

---

① 王健,刘鹏.融合学界业界资源共建新闻人才摇篮:复旦大学新闻学院院长尹明华访谈录[J].新闻记者,2014(10):10-15.
② 杜骏飞.以"政产学研合作"深化部校共建:南京大学新闻传播学院的基本经验[J].新闻与写作,2017(10):26-30.
③ 尹明华."部校共建"的实践探索:以复旦大学新闻学院为例[J].新闻与写作,2017(4):14-17.
④ 张昆.我们需要什么样的新闻学院院长?[J].新闻记者,2017(2):44-48.

烈的社会责任感;三是出色的管理才能、丰富的人脉资源以及敏锐的学术嗅觉。

清华大学新闻与传播学院李彬教授则以自己的人生经历回答了这一问题,他认为,政治、业务、行政是一个好的新闻学院院长应具备的德性,具体而言:一是要"懂政治讲政治",具备特定的政治觉悟、政治眼光、政治才能以及政治胸怀;二是要具备良好的专业声誉和专业水平;三是与新闻学院院长相匹配的行政才能。最后,他提出,专业认可、社会认可、历史认可是衡量一位新闻学院院长的三项指标。①

(二) 新闻传播教育中教师面临的困境

师资队伍结构和人才评价标准的不合理,是当下从事新闻传播教育的教师面临的一大困境。2017年年初,"新闻传播实务教学论坛"在汕头大学召开,其间,主办者对参会的新闻传播学院教师(29位)展开了问卷调查,调查发现,具有5年(含5年)以上媒体从业实践经验的教师仅占31%;多达55%的教师表示,由于缺少必要的实务经验势必明显影响实务教学的有效开展。与此同时,有83%的教师提出,教学成绩在目前的高校教师考核体系中很难体现其价值,这不利于实务教师教学工作的开展。② 中国人民大学蔡雯教授也指出,学院出身的专业博士在目前的新闻传播学院师资构成中占据了较大比重,虽然他们善于理论探索,但媒体实践经验薄弱是其明显的短板,这不利于新闻实践岗位的需求与学生能力培养的有效对接。③

工作压力大而生活待遇不尽如人意,是当下从事新闻传播教育和科研面临的又一困境。对此,有学者指出,在既有薪酬制度语境下,吸纳社会资金,设立冠名教授席对于优化、稳定、提升师资队伍具有重要意义。④ 与此同时,面对由于地区与地区之间、学校与学校之间资源配置不均衡,人才流失,师资队伍不稳

---

① 李彬.我们需要这样的新闻学院院长:读张昆《我们需要什么样的新闻学院院长》有感[J].新闻记者,2017(3):35-36.
② 白净.新闻专业教育如何应对融媒科技的挑战?——新闻传播实务教学论坛综述[J].新闻记者,2017(4):91-94.
③ 蔡雯.新闻教育亟待探索的主要问题[J].国际新闻界,2017,39(3):6-18.
④ 张昆.关于设立新闻传播学科冠名教授席的思考[J].新闻与写作,2017(6):54-57.

定的问题,有学者认为,虽然近几年高校之间"人才争夺战"此起彼伏,但这样的人才流动主要还是局限在一些大城市以及著名高校之间,占据高等教育版图大多数的普通高校难以介入其中,它们总体上处于劣势地位。因此,从整体上看,目前高校之间有限的人才流动,并不能够有效纾解发展不均衡的教育难题。①

五、新闻传播教育的支点错位与供给侧改革

教师、学生和人才市场是新闻传播教育的三大支点。有学者认为,在技术革命和社会转型的背景下,这三大支点出现了错位,具体表现在:(1)在新闻传播教育图景中,科学研究的比重不断增大,学生的主体地位日益被弱化;(2)在目前的新闻传播教育现实情境下,因"供给侧"与"需求侧"不同程度地脱节而带来了人才培养质量差强人意、学生就业困难、师生关系疏远等问题;(3)与新闻传播人才的培养相比较,教师的自身现实利益和价值实现被放在更加重要的位置。② 也有学者指出,当前新闻传播教育面临的主要问题有:(1)在"重科研轻教学"的高校生态中,何以守住立德树人的教育本位;(2)学科内部专业日益精细化和壁垒森严加大了专业领域间融会贯通的难度;(3)何以平衡"中国特色"与"世界一流"兼具的新时代人才。③

毫无疑问,新闻传播人才的培养或供给是新闻传播教育的首要功能。面对这样的"错位",有研究者认为,这归根结底是低效的传统新闻传播教育模式造成的;"就业难"等表象的背后凸显出的是新闻人才培育状况与现实社会需要两者间结构性不匹配的裂痕。为此,理应呼唤对我国新闻传播教育展开供给侧结构性改革,具体而言,新闻传播教育的个性化、差异化、智能化以及教学方式的融合化是当下推进新闻传播教育供给侧改革的可循路径。④

依照社会学家哈贝马斯关于知识的分析框架,新闻知识的分类可以归纳为

---

① 蔡雯.新闻教育亟待探索的主要问题[J].国际新闻界,2017,39(3):6-18.
② 张昆.新闻传播教育的支点错位[J].新闻记者,2017(6):79-84.
③ 胡百精.新闻传播教育改革中的若干基本问题[J].青年记者,2017(34):64-65.
④ 刘庆振."互联网+"背景下新闻传播教育的供给侧改革[J].教育传媒研究,2017(2):9-13.

以下四种：公共新闻学、专业新闻学、批判新闻学、政策新闻学。① 根据这一分类逻辑，有学者提出，对新闻教育的理解及其供给侧改革，可以从这样四种范式入手：公共新闻学教育、专业新闻学教育、批判新闻学教育、政策新闻学教育。公共新闻学教育面对公共传播人才的培养；专业新闻学教育倡导以专业操作规范和职业教育为核心理念，注重职业新闻人才的培养；批判新闻学教育以人本论和新闻传播学批判理论为主旨，重在研究型新闻人才的培养；政策新闻学则以政策服务为旨趣，旨在为政府宣传部门提供智力支持。②

六、新闻传播教育培养什么样的人才？

"新闻传播教育培养什么样的人才"并不是一个新鲜的话题，经过几近百年的探索与实践，"专家型人才""复合型人才"可以说是这一追问的可能回答，2017年有学者就此提出了一些新的见解和主张。与此同时，也有学者提出了"中国舆论学人才培养"的新观点。

（一）中国舆论学人才培养体系的设想

按照2016年年初习近平在新闻舆论工作座谈会上的讲话精神，新闻舆论工作不仅在微观上关乎党和国家各项事业的推进，而且还在宏观上关乎党和国家的前途命运。③ 基于此，有学者提出建构和完善舆论学专业人才培养体系的设想，主要包括舆论学专业的教学培养内容（具体包括舆论学综合知识、舆论学研究方法、舆论学分支知识体系、舆论学实践课程）、舆论学人才培养的设备配置、教学培养模式（通识教育与专业教育相结合）等，舆论学人才培养的首要素养是正确的思想观念和良好的精神品格与道德修养。此外，舆论学人才培养的职业取向主要有：（1）与舆论相关的学术研究人才；（2）与舆论引导、管理相关

---

① 吴飞.重新出发：新闻学研究的反思[J].新闻记者,2015(12):4-13.
② 贺明华.试论四种新闻教育范式及转换[J].国际新闻界,2017,39(3):19-41.
③ 习近平在党的新闻舆论工作座谈会上强调：坚持正确方向 创新方法手段 提高新闻舆论传播力引导力[EB/OL].[2016-02-20].http://cpc.people.com.cn/n1/2016/0220/c64094-28136289.html.

的舆论实务人才。①

复旦大学童兵教授提出,坚持以马克思主义为指导,把马克思主义切实贯彻落实到新闻教育之中是培养新闻舆论人才的关键。作为我国新闻教育改革的指导思想,坚持马克思主义新闻观的指导作用,不仅有利于培养政治可靠、业务精湛、作风优良的新闻舆论人才,还有利于建设中国特色的社会主义新型大学。②

(二)专家型人才培养的要求

有学者提出,人们对信息量的态度大体上经历了以下三个发展阶段:(1)1995—2002年为Web1.0阶段,这一阶段信息内容匮乏但有序,人们希望获取较多信息;(2)2002—2013年是Web2.0阶段,此阶段信息内容多元,但缺乏应有的秩序,人们沉浸在多样信息带来的欣喜和新奇之中;(3)2013年至今是We1.0和Web2.0交织融合的阶段,在这一阶段信息冗余现象越来越严重,人们对过度的信息感到疲惫不堪,渴望新的信息秩序的出现;置身于如是信息环境中,人们的感官和经验对汹涌而来的信息难以展开有效的分析和解读,这便催生出对专家的需求。因此,专家型新闻传播人才的培养便成为一种时代的必然。进而言之,专家型新闻传播人才应满足以下几个方面的要求:(1)宽厚的学识基础和对新世界的强烈好奇心;(2)学有专长,具有一定的专业知识(expertise);(3)较强的逻辑分析和独立思考的能力;(4)达到特定的外语水平。③

(三)复合型人才的培养与数据教育转向

近年来,一些高校新闻传播教育在复合型人才培养上做了积极探索。比如,复旦大学新闻学院在本科生培养上实施"2+2"模式(2年主修新闻传播专业,2年修读非新闻传播类专业),要求学生任选一个非新闻传播类专业,并系

---

① 谢耘耕,万旋傲.关于中国舆论学知识体系建设和人才培养的思考[J].新闻大学,2017(5):8-13.
② 童兵.马克思主义新闻观:推动媒体融合发展和新闻教育改革的指导思想[J].新闻与写作,2017(4):41-45.
③ 邓建国.新信息环境下我国专家型新闻传播人才的培养模式探讨[J].新闻大学,2017(2):133-138.

统地修读完该专业的课程。2017年,又有些高校新闻传播教育在复合型人才培养上做了新的探索。比如,中国人民大学新闻学院调整了本科人才的培养方案,以2017年为起点,该院新入学的本科生可以根据自己的兴趣自由选择(或退出)"新闻学—国际政治实验班""新闻学—法学实验班""融媒体技术与创意传播实验班""学术拔尖人才实验班""未来传播学堂"等学习共同体。① 还有北京大学新闻与传播学院2017年招收全国第一届健康传播专业硕士15人,其中6人为北京大学医学院本科生。该专业硕士由北京大学新闻与传播学院和医学部联合培养,并采取双导师制,旨在培育医学知识和新闻传播知识兼具的复合型人才。

在对培养复合型人才进行探索的同时,也有学者对此提出了有益的反思。比如,中国人民大学蔡雯教授通过持续性观察和研究发现,当下我国新闻传播教育中复合型人才培养主要面临如下几个层面的问题:(1)虽然跨学院的人才培养可以整合不同专业的教学资源、丰富学生知识结构,但在具体操作过程中若要真正打通不同专业间的知识壁垒,实现知识的融会贯通仍比较困难;(2)在目前的新闻传播教育实践中,复合型人才培养规模比较有限,难以满足迅猛增长的新闻业的现实需求;(3)跨学院的人才培养有别于单一学院的独立培养,这既要在配套资源与保障机制方面投入更多,也要警惕联合培养过程中可能出现的某些偏差,以致与新闻传播教育的目标和宗旨相违背。②

在《数据新常态:如何赢得指数级增长的先机》一书中,美国学者克里斯托弗·苏达克指出,大数据方面的复合型人才2015年在全球范围内呈现出不少于一百五十万的人才缺口。③ 清华大学陈昌凤教授提出,在当今新闻传播教育生态下开展数据教育能够成为一个有力抓手,进而实现提升学生专业技能的教育目标。④ 香港浸会大学传理学院院长黄煜则提出,培育复合型数据新闻人才(不仅具备新闻基础知识还要掌握编程和设计的必要技能)是当今时代提供的

---

① 胡百精.新闻传播教育改革中的若干基本问题[J].青年记者,2017(34):64-65.
② 蔡雯.新闻教育亟待探索的主要问题[J].国际新闻界,2017,39(3):6-18.
③ 苏达克.数据新常态:如何赢得指数级增长的先机[M].余莉,译.浙江人民出版社,2015:67.
④ 陈昌凤.技术创新与专业坚守:新闻传播教育何去何从?[J].全球传媒学刊,2017(4):1-10.

重要机遇。① 数据工场创始人黄志敏等历时半年之久,通过对美国的密苏里新闻学院、哥伦比亚大学以及中国人民大学、中国传媒大学等26所中美高校的调研和对比研究发现,受制于相关教育资源的薄弱和师资力量不足,我国的数据新闻教育尚处于初级阶段,课程缺乏系统性且定位不明晰、培养目标和师资结构不匹配等是当下数据新闻教育困境的主要表现。② 亦有学者明确提出,新闻传播教育的宗旨,需要从对传统新闻记者、编辑人才的培养调整为对首席信息官的培育,而"统筹分析""技术集成""信息汇流"(如图1所示)可以说是一个首席信息官需具备的三种素养和技能。③

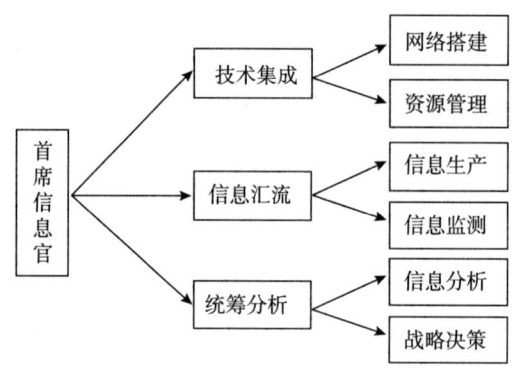

图1 首席信息官的职责和能力构成

注:该图引自《首席信息官:后大众传播时代新闻传播人才培养的目标转型》一文

七、师范类院校新闻传播教育现状

师范类院校是我国高等教育中的一支重要力量,有研究者对我国师范类高等院校的新闻传播教育的现状和问题进行了考察,发现带有"师范"字样的院校共计115所,其中88所开设了新闻传播类的相关专业;就地域分布而言,中东部地区较为密集,其中开设新闻传播类相关专业的师范院校河南省数量最多,

---

① 徐来,黄煜."新闻是什么":人工智能时代的新闻模式演变与新闻学教育之思[J].全球传媒学刊,2017(4):25-39.
② 黄志敏,王敏,李薇.数据新闻教育调查报告[J].新闻与写作,2017(9):17-24.
③ 罗自文.首席信息官:后大众传播时代新闻传播人才培养的目标转型[J].新闻与写作,2017(9):25-29.

多达7所,四川和安徽以6所的数量紧随其后,贵州和江苏开设新闻传播专业的师范类高校为5所,湖北、江西、河北、福建和广西均有4所师范类高校开设了新闻传播类专业。在人才培养和教学改革方面,师范类新闻传播院校依然不乏可圈可点之处。例如,西北师范大学把"传媒六艺"①作为人才培养的突破口,旨在培养大学生的编导设计与新闻采编能力。在88所拥有新闻传播学的师范类院校中,南京师范大学和华东师范大学具有新闻传播学科博士学位授予权。另外,北京师范大学、湖南师范大学、陕西师范大学、华中师范大学、福建师范大学、西北师范大学等6所高校也挂靠在相关学科博士点下开展了新闻传播学博士生教育。与此同时,有29所师范类院校开展了新闻传播学硕士生教育,占比33%。从整体上看,教学内容老套、科研能力悬殊、办学基础薄弱、艺术招生过度、历史积淀缺乏、专业划分过于精细等是当下我国师范类高校新闻传播教育面临的突出问题。②

八、作为一种交流的学术会议

表1　2017年新闻传播教育主要学术会议一览

序号	会议名称	时间	地点
1	新闻传播实务教学论坛	2017.3.18	汕头
2	四川省新闻教育学会2017年年会	2017.4.21	成都
3	媒介变革时代的新闻传播教育改革高峰论坛	2017.4.22	杭州
4	2017国际传媒创新创业教育论坛	2017.5.19	北京
5	全球新闻与传播学院院长论坛	2017.5.20	北京
6	新闻传播教育产教融合人才培养高峰论坛	2017.6.3	岳阳
7	2017年全国新闻学教学科研高级研讨班	2017.7.7-7.10	昆明
8	中国新闻史学会2017年学术年会之中国新闻传播教育改革的历史方位	2017.8.17-8.20	郑州
9	2017年度中国传媒教育促进发展高峰论坛	2017.8.18-8.21	北京

---

① 具体指礼、乐、摄、制、书、说。
② 骆正林.我国师范院校新闻传播教育的现状、问题及发展建议[J].新闻大学,2017(1):132-139.

续表

序号	会议名称	时间	地点
10	新闻学院新闻传播教育二十周年庆典暨"新媒体时代的新闻与传播"学术研讨会	2017.10.29	武汉
11	湖北省新闻与传播教育学会2017年年会	2017.11.1	恩施
12	第十届中国新闻学年会"中国新闻学学科建设"	2017.11.3—11.5	重庆
13	新挑战·新坐标:传播学教育发展论坛2017	2017.11.5	北京
14	新闻传播思想史研究委员会专题工作坊暨新闻传播学研究生教育论坛	2017.12.5	西安
15	第二届全国新闻与传播专业学位研究生教指委会议	2017.12.15	广州

注:作者根据新闻报道等材料统计制作。

学术会议是学术共同体之间的一种常态化的交流平台和机制,2017年从地方到全国都有一些有关新闻传播教育的学术会议的召开(见表1)。在这些学术会议上,一些新观点、新思考在不同地区、不同高校的与会者和研究者之间相互碰撞。例如,在"全球新闻与传播学院院长论坛"上,全球三十多位新闻传播学院的院长共同探讨了当下新闻传播教育所面临的挑战、机遇与模式创新的可能。香港浸会大学传理学院院长黄煜认为,自从20世纪后半叶计算机被用于辅助新闻报道以来,新闻报道的自动化成为新闻业发展的新方向和新模式,机遇中包含着挑战。香港城市大学李喜根教授提出,一方面应该根据日益模糊的行业边界重新思考新闻传播教育的课程改革,另一方面在新闻传播教育中如何平衡博与专的关系是亟须思考的问题。中国人民大学胡百精教授认为,新闻传播教育改革是一个内生性问题,而解决之道需从外部寻找路径和资源。①

---

① 陆洪磊.探索媒介融合新形势下的新闻教育改革:清华大学新闻与传播学院建院15周年"全球院长论坛"综述[J].全球传媒学刊,2017(3):138-147.

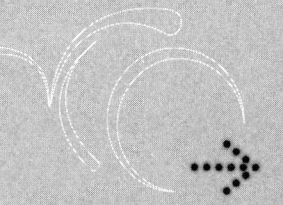

传媒教育理念

中国传媒艺术学教育的理念提出与前沿观察*

The Idea of Chinese Media Arts Education and Its Frontier Observation

■ 刘 俊**

Liu Jun

摘要：我国传媒艺术学教育大致始于2011年，以中国传媒大学招收传媒艺术方向专业的博士研究生为标志。传媒艺术学教育创办的时代动因是艺术融合时代的到来。艺术融合时代的表现，就艺术创作而言，是艺术元素、艺术创作者的大融合；就艺术传播而言，是传播方式、手段、渠道的大融合；就艺术接受而言，融合既体现为一种"感知的融合"，也体现在一种"欲望的融合"。融合的艺术实践和生态，呼唤艺术学教育的动态发展。"传媒艺术学教育"，依托了两个概念，一是"传媒艺术"，另一个是"传媒艺术学"；前者是艺术实践和生态，后者是艺术研究和学科。传媒艺术学研究和教育，有助于我们的艺术学发展从艺术本体出发，既能具体针对传媒艺术这个新兴族群进行分析，而不是以传统艺术理论解释传媒艺术生态；又能以整体性的视野考察传媒艺术各艺术形式的联系，而不是在一个融合的时代，依然用"条分缕析"的工业化时代的思维，过于边界清晰地考察各艺术形式。

Abstract：The media arts education in China began in 2011, which is marked by the media arts Ph.D. program started at Communication University of China. The reason

---

* 基金项目：北京市社会科学基金项目"融合时代首都主流媒体的传播艺术提升研究"（项目编号：17JDXCB002，主持人：刘俊）；中国传媒大学青年拔尖科研人才支持项目"学理界定与框架建构：传媒艺术研究刍论"（主持人：刘俊）。

** 刘俊，中国传媒大学学术期刊中心、《现代传播》编辑。

why the media arts education begin, is because of the arrival of arts convergence era. In the era of arts convergence, in terms of artistic creation, the artistic elements and artistic creators converge together; in terms of artistic communication, the modes, means and channels of arts communication converge together; in terms of art acceptance, perceptions and desires converge together. The arts convergence practice and ecology call for the dynamic development of art education. Media arts (mainly include photography, film, television and new media arts) research and education contribute to the development of our art education from the ontology of art. It can analyze the emerging ethnic group of media arts in a new way, rather than still explain the media arts ecology by traditional art theory. It can also study the media arts group as a whole, investigating the connection between the various artistic forms of media arts, rather than still examine the various art forms too clearly from their boundary in an era of arts convergence.

关键词：传媒艺术　传媒艺术学　艺术融合　艺术学理论　学科发展

Keywords：media arts, media arts education, art convergence, art theory, discipline development

传媒艺术学教育的建设，相对精准地回应了当前艺术融合时代艺术实践发展的需求，也与同步发展的传媒艺术理论研究交相辉映。传媒艺术学教育，是当前艺术学教育中较为年轻的一支，我们对其进行起点式的梳理和探究，是拓展艺术学新发展的一次诚恳尝试。

一、传媒艺术学教育的创办概况：始于2011年

中国"传媒艺术学"教育始于2011年，该年中国传媒大学开始在"艺术学"门类中的"艺术学理论"一级学科之下自主设立二级学科方向——"传媒艺术与文化研究"专业方向，并招收第一批"传媒艺术"专业方向的博士生1人（刘俊）和硕士生4人（兰瑜、杨晓漪、李艳、郑智颖），授予文学博士和文学硕士学位。

之后在2014年,该专业方向的博士生招生专业名称,直接更改为"传媒艺术学",并从原先的"艺术学"博士招生专业下的03方向,上升为与"艺术史论"并列的博士招生专业。根据2017年公布的"2018年中国传媒大学博士生招生简章"显示,该校艺术学部的博士招生目录,"传媒艺术学"与艺术史论、戏剧戏曲学、电影学、广播电视艺术学、美术学、动画艺术学、数字媒体艺术、音乐学并列为9个艺术学博士招生专业(见表1)。

表1 2018年中国传媒大学艺术学部博士生招生目录

艺术学部	人数:32人	1301Z1 艺术史论
		01 艺术传播学
		02 艺术美学
		1301Z3 传媒艺术学
		01 传媒艺术与文化研究
		1303L1 戏剧戏曲学
		03 戏剧戏曲艺术
		04 戏曲文学
		1303Z3 电影学
		01 电影史(侧重中国电影)
		02 电影理论
		03 电影创作
		1303L2 广播电视艺术学
		01 广播电视艺术美学
		02 电视剧历史与理论
		03 广播电视文艺理论
		05 电视剧创作研究
		130400 美术学
		01 中国书写文化
		02 美术历史与理论
		1305Z1 动画艺术学
		01 动画理论与实践
		02 动画产业
		1305Z2 数字媒体艺术
		01 数字媒体理论与实践
		1302L1 音乐学
		01 音乐社会学与音乐传播

也即,从 2011 年开始,中国传媒大学是最早开始招收传媒艺术学硕士生、博士生的学校,并持续招收硕博研究生至今。"传媒艺术"概念的提出,以及传媒艺术专业硕博招生动议,源自我国传媒领域第一位教育部"长江学者"胡智锋教授。2011 年至 2017 年,中国传媒大学每年招收传媒艺术专业博士生 1—5 人(近 3 年来保持在 5 人左右),硕士生 4—17 人(近 3 年分别招生 10 人、16 人、17 人)。

中国传媒大学是我国戏剧与影视学研究和教育的代表性学校,并在艺术融合时代较早时就在思考和推进艺术学的学科拓展,也是最早明确提出"传媒艺术"招生方向并进行招生的学校。该校在传媒艺术教育的发展中,具有先导和样本意义,我国不少其他高校也随其后寻找传媒艺术教育的突破口。随着传媒艺术学教育和研究的不断深入,全国许多院校正在探索或已经筹办传媒艺术专业。

在教育教学和学科建设中,第一篇界定并立论"传媒艺术"的学术论文是《何谓传媒艺术》(2014 年),第一篇传媒艺术学的博士论文是《传媒艺术刍论——基于对传媒艺术特征的分析》,第一部以"传媒艺术"为题的学术专著是《融合时代的传媒艺术》,中国传媒大学于 2015 年开始开设硕士生必修课《传媒艺术学理论》。从 2012 年开始至今中国高校影视学会每年均组织举办"传媒艺术论坛"(2012 年于台湾举办,2013 年于重庆举办,2014 年于南京举办,2015 年于上海举办,2016 年于太原举办,2017 年于苏州举办),同时还有江苏各高校每年轮流承办的"中国东部传媒艺术高端论坛"。

此处附上中国传媒大学传媒艺术学学术型硕士培养计划中培养目标、研究方向、课程设置等三个主要部分的内容。

第一,培养目标。

本专业面向政府和主管部门、大媒体机构和传媒艺术类高校,培养具有扎实的传媒艺术与文化理论知识基础、较强的创新意识和较浓的学术研究兴趣,兼具多元的人文和社会知识、宽阔视野的高级专门人才,以建构最富有中国经验的传媒艺术与文化创新智库,为政府文化政策制定、行业发展战略规划、传媒艺术与文化创新实践提供人才支持与智慧支撑。

在此基础上能够达到如下目标:能熟练运用中文和一门外语进行文献阅

读、资料查询和学术交流;掌握本学科学术研究前沿动态,具有一定的学术研究兴趣和较强的学术研究能力,或具有艺术创作与策划、管理实践能力;具有运用艺术理论发现问题、分析问题、解决问题的意识和能力,可自觉针对某种传媒艺术现象进行批评,可以从艺术跨学科研究中获得较为实用的知识,以服务于传媒艺术和其他社会实践;能够在普通高等院校和科研院所从事基础教学、学术研究工作,或在相应的艺术生产、管理等部门从事策划、管理、编辑、评论、创作等工作。

第二,研究方向。

从概念界定来看,传媒艺术既包括了作为一种客观存在的"传媒艺术样态",也包括了作为一种影响人类生活的"传媒文化",它既研究作为一种艺术介质的传媒,如摄影、广播、电影、电视、新媒体等,也研究传媒艺术所创造的文化形态与景观。鉴于正处于初创阶段,目前专业暂设一个主要研究方向:传媒艺术与文化。

本方向以艺术学为学科根基,以传媒研究、文化研究为两个支柱,体现了传媒、艺术与文化融通的特色优势。在宏观层面,将传媒艺术纳入国家文化发展战略的宏大背景中,以全球化视野,开展面向未来的创意研发、决策咨询与前瞻性战略规划;在中观层面,在传媒艺术事业、艺术产业发展之间开展传媒艺术与文化研究领域原创性、重大理论与实践问题研究和关键领域攻关;在微观层面,将传媒艺术与文化构成要素相结合开展交叉研究,构建符合中国国情的传媒艺术与文化传播的理念、路径、方法和策略。

主要研究内容包括:开展中国特色传媒艺术政策、公共文化与文化产业、国家公共文化服务体系制度设计等重大现实问题研究;开展传媒艺术与文化的全球化与本土化问题、传统性与现代性问题、潮流与趋势问题、观念与方法问题、主体性建构问题等重大理论命题研究;开展建设传媒艺术的实践史、理论史、学科史研究,从艺术性、媒介性、现代性、民族性、主体性等多个视角构建传媒艺术的本体理论体系;开展中外传媒艺术比较研究,建立中国特色的传媒艺术理论研究格局、模式、方式;开展传媒艺术生产与传播实务的应用型研究,基于创意创造、生产制作、传播接受的完整实践流程,研究传媒艺术生产与传播的内在规律、类型特点、潮流趋势等。

第三,课程设置(详见表2)。

表2 传媒艺术学专业课程设置表(学制三年,2015版)

课程类别	学分分配		总学分≥31学分				
			课程名称	学分	总学时	周学时	开课学期	开课周次
学位课	公共必修课	≥7学分	外语语言基础	4	64	4	1	16
			中国特色社会主义理论与实践研究	2	32	2	1	16
			马克思主义与社会科学方法论	1	16	2	2	8
	专业必修课	≥10学分	传媒艺术与文化前沿讲座	3	64	4	2	16
			传媒艺术与文化著作研读	3	64	4	2	16
			传媒艺术与文化案例解析	3	64	4	2	16
			传媒艺术史	3	64	4	1-3	16
			传媒艺术学理论	3	64	4	1	16
非学位课	选修课	≥12学分	心学与美学	2	32	4	4	8
			艺术文化学	2	32	4	3	8
			电视节目创新研究	2	32	4	3	8
			电视艺术文化论纲	2	32	4	3	8
			中外纪录片前沿研究	2	32	4	3	8
			中国电视文艺栏目研究	2	32	4	3	8
			语言传播艺术研究	2	32	4	4	8
			视觉传播研究	2	32	4	4	8
			公共文化服务研究	2	32	4	4	8
			电视剧史研究	2	32	4	4	8
			中外艺术家研究	2	32	4	4	8
			艺术心理学专题	2	32	4	3	8
			艺术史(一):中国艺术史(全体必修)	3	64	4	1	16
			艺术史(二):外国艺术史(全体必修)	3	64	4	1	16
			艺术学理论与方法(全体必修)	3	64	4	1	16
			艺术美学	3	64	4	2	16

续表

课程类别	学分分配	总学分≥31学分					
		课程名称	学分	总学时	周学时	开课学期	开课周次
		艺术传播学	3	64	4	2	16
		艺术人类学	3	64	4	3	16
		艺术史专题研究	3	64	4	3	16
		美学前沿问题研究	3	64	4	4	16
		中外艺术学经典研读	3	64	4	1-3	16
		广播电视艺术批评	3	64	4	3	16
		电视剧类型研究	3	64	4	2	16
		中国当代艺术二十年	2	32	4	3	8
读书报告	≥2学分	要求每位硕士研究生在学期间做读书报告或seminar 4次,其中至少公开在学科或学院的学术论坛做读书报告1次。完成累计4次计2学分。(专业指导小组负责)					
补修课	不计学分	艺术概论	略				
		美学原理					
		传播学					

二、传媒艺术学教育的创办时代动因:艺术融合的时代

(一) 实践上的"艺术融合"

我们所置身的时代,不仅是一个人们耳熟能详的"媒介融合"时代,也是一个"艺术融合"时代。只是我们对"媒介融合"探讨得较多,而对"艺术融合"的梳理和总结尚不足。"艺术融合"的格局和生态,直接关乎传媒艺术学教育的诞生、兴起和发展,需要格外关注。

当前"艺术融合"的实践,特别是以"影视艺术新媒体化"为代表的融合实践,已经完全渗透体现在了艺术创作、传播与接受的整个流程之中。

第一,就艺术创作而言,艺术融合是艺术元素、艺术创作者的大融合。对于前者来说,当前艺术创作,特别是影视影像艺术中,各类元素的大兼容、大汇聚、

大杂糅是突出特征。在作品中常常是图、影、视、听、网、动漫、数字艺术等诸多元素无缝、自然、毫无违和感地融合于一,我们对当下许多引发大众参与、社会关注的传媒艺术作品,越发无法精确界定其究竟是电影、电视还是新媒体的什么艺术。而且越是在网络虚拟空间有强传播力和影响力的"爆款""现象级"作品,越是多元素融合的。就后者来讲,当前艺术创作者的群体数量显然陡然增加。特别是"作为身体的一个器官"的手机已经普遍能够实现高清摄像、便捷剪辑、随时上传、随地评价,大量普通百姓,连同民间爱好者、社会影视机构、传统主流影视机构等的加入,使得艺术创作的群体不断融合。同时,艺术创作理念也在这种群体的融合中同步融合,混合了精英和大众、经典和草根、端庄和多元、西洋与本土、传统与时尚的创作观念。

第二,就艺术传播而言,艺术融合是传播方式、手段、渠道的大融合。几年前还是新鲜学术与实践话语的"跨屏传播""一人多屏",如今已经成为老生常谈的字眼,这从一个侧面反映了艺术与传播环境发展变化之快。所谓"屏幕的融合",反映了大众观看手段的丰富,文学、影视等多种艺术形式接触的通道都在大众的掌控之中,随时随地可以接触到。这意味着艺术传播的渠道大为拓展,而且这种传播常常是即时即刻、融合兼容进行的。

第三,就艺术接受而言,融合既体现为一种"感知的融合",也体现为一种"欲望的融合"。就前者来说,随着科技发展以及科技和艺术的互动,艺术作品的接受越来越全方位,同时动用了人的视觉、听觉、触觉、嗅觉,乃至味觉、深层意念力。就后者来说,当前艺术作品的接受,在接受欲望上不一而足,常常是融合了艺术性、商业性与娱乐性等艺术特质的接受,融合了快餐化与奇观化等艺术呈现的接受,融合了主流话题与边缘选题等主题选择的接受,融合了现代意味与后现代叙事等艺术表现的接受,融合了求新、求变、求惊颤、求温存等社会心理的接受,融合了亲情、爱情、友情等现代人多维情感需求的接受。其中不少艺术接受的状态,还被批判为融合或者模糊了艺术与非艺术的界限。如此种种的美学的、生活的、社会的、精神的融合,在当下这个新媒介与艺术环境时代下集中呈现,更可见"融合"之于艺术实践的意义非凡。①

---

① 刘俊.论"艺术融合"时代影视艺术教育的拓展之维[J].教育传媒研究,2017(6):79-82.

(二) 融合的艺术实践和生态，呼唤艺术学教育的动态发展

既然艺术实践、影视艺术实践的融合发展之势如此，我们在艺术教育中，就需要动态关注并调整自身发展，不断适应，最终引领实践的发展。艺术实践的融合之局，需要我们在艺术教育中增加"融合"的思维。毕竟，艺术实践已构筑了"兼容""混合"的态势，那么，艺术研究和教育也不能互不相通。这种新的研究和教育，需要综合、整体、联系地思考和面对融合了图、影、视、网、新技术新元素的艺术。由此，我们提出了传媒艺术学教育。

然而，在当前的实践格局下，如果我们的影视艺术教育完全固守于"工业化式"的、条块清晰的思维和模式，电影、电视、新媒体专业的学生完全固守于自己的艺术形式的边界之内，认为学电影就是纯粹地做电影，学电视就是纯粹地做电视，学数字新媒体就是练好数字技术便万事大吉，而彼此不交叉、不互通、不兼容，那么相关专业的毕业生就可能会在就业和再发展的过程中，因过于狭隘而变得适应度低，难以对当前融合艺术生态和思维有准确驾驭能力与全面理解能力。

面对融合之局，基本的影视艺术教育拓展原则是：在知识、能力和思维锻造方面的培养上，既精于某一形式的影视新媒体艺术样态，同时又能够将图、影、视、听、网等艺术元素融合打通。某种程度上说，前者偏重技能和知识，后者则偏向思维和视野。这对影视艺术教育者和学生来说，要求自然较之以往更高。

除此之外，相当重要的一点是，我们还可以培养一部分学生，如未来可能从事艺术管理、艺术策划、艺术统筹等工作的学生，从本科教育一开始就以"融合"的思维"打底色"，让他们自觉地意识到：艺术样态、影视艺术样态的"融合"是天然的潮流与趋势；在这种思维下，图、影、视、网等都是可供使用的来源、手段、渠道，它们只是根据不同的艺术目标进行不同的组合和结合而已，这些形式和元素之间有区别但无隔阂。这些学生在单一的艺术样态的创作水准和技艺上未必高超，但却更擅长以整体的、联系的、综合的、兼容的宏阔视野面对、使用、自由重构那些原本就是融合着的艺术元素、形式和样态。

正如当下火热的微信公众号的编排一样，图文思维强的人可能更习惯运用

"文字+图片"的方式呈现内容,影视视觉思维强的人可能更擅长使用短视频的方式呈现内容,而艺术融合思维强的人从一开始就习惯于"文+图+短视频+图表情+颜文字+GIF 动图+语音+音乐……"的混合方式和"舒缓+卡顿+跳切+闪回+快进"的混合节奏呈现内容。① 同时,"传媒艺术"教育,顾名思义,更需要看到传媒和艺术的融合,注重并思考如何从当代的传媒视角看待艺术,又如何从当下的艺术视角看待传媒。

三、传媒艺术和传媒艺术学科的厘定

"传媒艺术学教育"依托两个概念而存在:"传媒艺术"与"传媒艺术学"。前者是艺术实践和生态,后者是艺术研究和学科。二者相辅相成,与传媒艺术学教育相互指向。需要说明的是,"传媒艺术学教育"从约定俗成的角度来说,常常被包含在"传媒艺术学"的概念之中。

(一)什么是传媒艺术?

传媒艺术指自摄影术诞生以来,借助工业革命之后的科技进步、大众传媒发展和现代社会环境变化,在艺术创作、传播与接受中具有鲜明的科技性、媒介性和大众参与性的艺术形式与族群。传媒艺术主要包括摄影艺术、电影艺术、广播电视艺术、新媒体艺术等艺术形式,同时也包括一些经现代传媒和传媒技术改造了的传统艺术形式。②

"传媒艺术"的命题之所以能够出现,在很大程度上是"艺术融合"时代的需求。这个时代里,艺术元素和形式的大融合,让我们对图片艺术、电影艺术、电视艺术、新媒体艺术之间的区分越来越难以把握;新的艺术生态,似乎需要一个超越单一艺术形式的上一级概念来概括。与此同时,单纯的传统艺术理论、解释范式和教育教学,越来越难以完全解释艺术元素和形式融合之后的新的艺术生态。由此,需要一种动态发展的艺术理论和教育作抓手,以拓展艺术学、艺

---

① 刘俊.论"艺术融合"时代影视艺术教育的拓展之维[J].教育传媒研究,2017(6):79-82.
② 胡智锋,刘俊.何谓传媒艺术[J].现代传播,2014(1):72-76.

术教育的外延。

当然,对传媒艺术的厘定是一个严密的过程,要在艺术史和传媒史的交叉界定中确定。传媒艺术在外部与传统艺术有诸多鲜明区别,在内部又共享逻辑一致的科技性、媒介性、大众参与性,将人类艺术分为"传统艺术"和"传媒艺术"两大族群,是一种新的观察人类艺术世界的视角和方式。

(二)什么是传媒艺术学

1.传媒艺术学的构想

既然传媒艺术主要包括摄影、电影、广播电视、(数字)新媒体艺术,以及一些经现代传媒和传媒科技改造了的各类艺术形式,那么"传媒艺术学"的研究对象便是人类的这些传媒艺术活动。传媒艺术学是关于传媒艺术的本质、特性与规律、起源与发展等一系列问题、原理和规律的学问,也是从艺术出发,并以传媒视角对艺术进行考察与总结的学问。传媒艺术学属一般艺术学、基础艺术学、艺术体系学的范畴。传媒艺术研究对象的确立,需要从艺术史、艺术理论、艺术批评的交织中把握,也可以从前文对传媒艺术与传统艺术、现代艺术、视觉艺术、传播艺术、艺术传播的辨析中窥见。传媒艺术学研究的构架图初拟如图1所示。

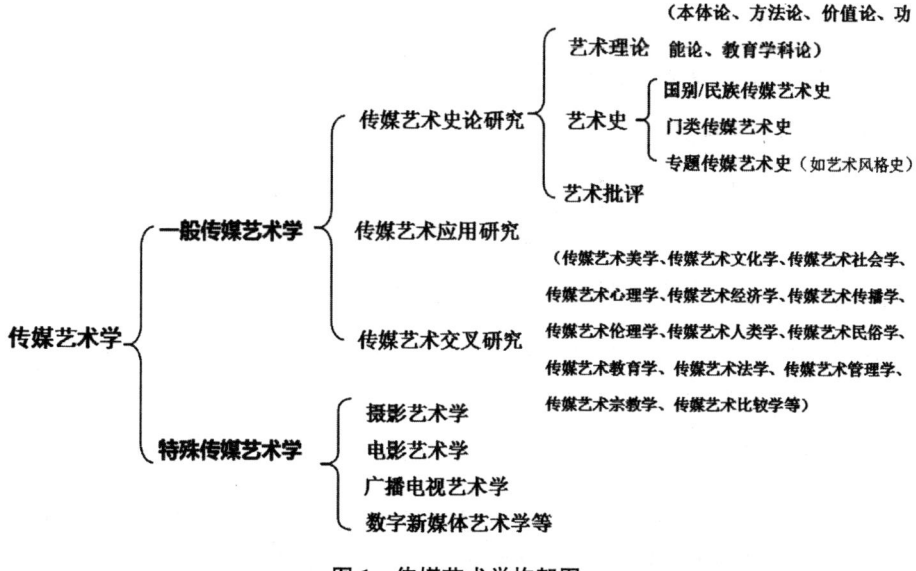

图1 传媒艺术学构架图

在理论和学科建构过程中,需要注意融合如下"一二三四五"的思考:五种视角——政治、经济、社会、文化、艺术本体;四类价值——现实的、历史的、理论的、实践的;三个面向——国家战略、行业发展、学术教育;两种思维——正向思维、逆向思维;一条主线——人类艺术地把握世界的方式与能力。传媒艺术学的知识体系应该有其积累度、系统性和稳定性。

传媒艺术学以艺术学为学科根基,以传媒研究、文化研究为两个支柱,体现了传媒、艺术与文化融通的特色优势。这既是研究格局的增容,也是研究视野的拓展,有利于在宏观层面将传媒艺术纳入国家文化发展战略的宏大背景下展开研究,在中观层面对传媒艺术事业、产业发展开展跨界横向研究,在微观层面将传媒艺术与传媒、文化构成要素进行对接,内外部结合起来展开交叉研究。

从更加宏大的视角来看,传媒艺术学将通过开展传媒艺术研究领域原创性、重大理论与实践问题研究和关键领域攻关,建构最富有中国经验的传媒艺术创新研究,担起服务传媒艺术领域创新型高端研究人才培育、政府文化发展战略决策参考、传媒行业重大发展战略规划、国家及省部级重大科研项目攻关、传媒艺术实践创新孵化、国际文化交流平台等重要功能。在未来,通过若干年努力,争取将该学科建设成为我国人文社科领域具有鲜明特色与突出优势的、国内领先、国际知名的艺术学理论重点学科。

2.建设传媒艺术学的必要性

以艺术格局、艺术生态和艺术发展为本体,从传媒的视角,我们可以发现,传媒艺术恰好是打通艺术与传媒的关键领域。传媒艺术的命名与研究的开展,至少有两个方面的意义与价值。

第一,对艺术发展推动的呼唤。当前网络、移动新媒体和未来智能媒体的崛起,迅速改变了当代艺术的生态与格局,使艺术生产与传播的理念、方式、手段及与之相关联的美学和文化标尺,都发生了重大变化。19世纪工业革命之后,从摄影术的诞生起步,开启了一种新的传媒艺术族群与传统艺术的分野。传媒艺术以鲜明的科技性、媒介性、大众参与性,与传统艺术形成了"双峰并立"的局面。同时,借助新媒体的全覆盖,传统艺术也在进行融合和重构,呈现出全新形貌,以此突破了传统艺术的实践,显现出全新的时代特质。

基于当代艺术发展的现实土壤构建传媒艺术学,将有利于指导人类艺术不断拓展传统艺术无法涵盖和触及的领域与视域,从而使人类艺术发展更加饱满、充实,更具有普泛适应性和现实适应性。

第二,对艺术学发展推动的呼唤。传统艺术研究是基于传统艺术的实践,体现出个性化、精英化乃至贵族化的倾向。而传媒艺术所秉持的科技性、媒介性和大众参与性的特质,将艺术拉向日常生活和日常体验。如今,在很大程度上讲,从传媒的角度,人人都是记者;从艺术的角度,人人都是艺术家。这种传媒艺术的理念诉求、美学旨趣,是传统艺术学无法涵盖的。

面对这种情况,我们的两种选择似乎都是困难的:一种是"窄化",以排除的方式,以传统艺术为标尺,不承认传媒艺术是艺术,这显然会使艺术理论走向封闭和不切实际,无法应对蓬勃的艺术发展现实;另一种是"泛化",以传统艺术学的视角来打量和观察新兴艺术,以传统艺术的特定规律企图泛化和覆盖传媒艺术的特定规律,以一般艺术的普遍性解读传媒艺术的特殊性,这又会使传媒艺术的特殊规律和特殊性无法被认识。而这都使传媒艺术学的构建迫在眉睫。传媒艺术学研究既符合当代艺术发展实际,又能解读传媒艺术的特定规律,不仅对传媒艺术的发展有重要意义,而且对人类艺术发展和艺术学的重大拓展与增容有重要意义。

四、海内外传媒艺术研究和海外传媒艺术教育情况

(一)海外传媒艺术研究情况

通过英文文献检索工具,以复数"media arts"和单数"media art"等检索关键词,以高级检索的方式,进行多维交叉检索,并对21世纪以来的不少于3000篇英文论文进行泛读筛选或精读分析,我们发现海外的传媒艺术研究主要有如下特点。

1.宏观的"过窄"和"过宽"

从宏观上讲,当前海外传媒艺术研究呈现出"过窄"和"过宽"两个现状。

第一,"过窄"主要是研究内容局限于单一或传统的传媒、技术、文化、社会等框架。从逻辑起点来看,多从单一的技术、媒介、文化、社会视角出发;从内容来看,多数研究虽然题目冠以"传媒艺术"的关键词,但内文仅仅囿于某种艺术形式的内部研究(如孤立的摄影、电影、广播电视、新媒体艺术研究)。

第二,"过宽"指常常以文化学、新闻传播学、社会学对传媒艺术的讨论,来代替从艺术学本体出发的讨论,艺术学被其他学科所裹挟。

2.微观的意义模糊和思考发散

从微观上说,如下特点较为突出和显著:第一,绝大多数研究只是将传媒艺术作为一个新鲜的、笼统的名词对待,缺少明确概念和研究范畴界定;第二,多数研究将传媒艺术与新媒体艺术等同起来,甚至以自然科学范畴的"数字科技"为主要视角;第三,不少此类研究往往是从"传媒艺术类专业教育"的角度理解此问题,或者多将传媒艺术视作一种教学手段或媒介素养。

此外,海外传媒艺术研究呈现出不同于我国的新鲜方向,例如,热衷于对本国传媒艺术(新媒体艺术)情况进行介绍;热衷于讨论传媒艺术组织与艺术市场问题;热衷于研究艺术批评、艺术评论家的态度;从神学角度研究传媒艺术与宗教膜拜;研究城市青年人与传媒艺术实践;聚焦于传媒艺术政策、法律,等等。①

(二) 国内传媒艺术研究情况

就国内而言,本文范畴意义上的传媒艺术研究,始于 2014 年,标志性文章是论文《何谓传媒艺术》。在 2014 年之前,有少量先导性、铺垫性研究,代表性的文章主要有两篇:《传媒艺术的审美属性》《传媒艺术的历史演进、研究路径及学科回应》。

自 2014 年至今,传媒艺术进入聚焦性研究阶段,主要完成了对传媒艺术进行的初步概念界定、特征解释、发展回顾、研究梳理、美学初探、文化反思、实践探讨等,基本见于专著《融合时代的传媒艺术》,以及相关论文:(1)特征解释

---

① 刘俊.当前海外传媒艺术研究的现状与特点:兼谈以"传媒"命名这一艺术族群的动因[J].现代传播,2017,39(02):91-97.

类,如《论传媒艺术的科技性》《论传媒艺术的媒介性》《论传媒艺术的大众参与性》《现代视觉传媒艺术的权力运作与叙事策略》;(2)发展回顾类,如《摄影的诞生与艺术的终结:传媒艺术的实践前奏与研究前奏》;(3)研究梳理类,如《当前海外传媒艺术研究的现状与特点——兼谈以"传媒"命名这一艺术族群的动因》;(4)美学初探类,如《传媒艺术的核心性美学特征与文化困境》;(5)文化反思类,如《传媒艺术视觉符号的文化批判》《对传媒艺术的厘定与对视觉符号的反思》;(6)实践探讨类,如《大同·君子·中庸:传媒艺术建构国家形象的三大价值基础》《从自我澄清到他者塑造:传媒艺术国际传播的理念创新》等。

现阶段国内的传媒艺术研究,取得了一定成效,已初步将"传媒艺术""是什么"进行了学理厘定,并取得了一定的学界肯定,如《融合时代的传媒艺术》(2017)甫一出版即获得第十届全国广播影视学术著作一等奖。在上述数量有限的对传媒艺术的聚焦性研究论文中,已有2篇得到《新华文摘》观点摘编,1篇得到《人大报刊复印材料》全文转载。

(三)海外传媒艺术教育情况

关于国内传媒艺术学教育情况,在文首已有梳理,此处主要对海外传媒艺术教育情况进行示要。学术研究往往与教学实践的开展难分彼此,而且学术研究常常依托于高校的院系专业,所以对当前以传媒艺术命名的海外院系专业的一些梳理与把握,也可视作对上文研究现状的补充说明。

1.以传媒艺术命名的海外院系专业示要

在大学机构的生态坐标中,学院(school)是其核心架构。海外传媒艺术教育的学院命名可以说是异彩纷呈。如美国南伊利诺伊大学的"大众传媒和传媒艺术(Mass Communication and Media Arts)学院",美国亚利桑那大学的"传媒艺术(Media Arts)学院"[①],美国俄亥俄州大学的"传媒艺术与研究(Media Arts and Studies)学院",美国查普曼大学赫赫有名的"道奇电影学院(Dodge College of

---

① 后来亚利桑那大学将传媒艺术学院(School of Media Arts)和戏剧艺术学院(School of Theatre Arts)合并成戏剧、电影与电视学院(the School of Theatre,Film & Television)。

Film and Media Arts)"，加拿大"温哥华媒体艺术学院"，加拿大西门菲莎大学的"传播、艺术与科技（Communication, Art and Technology）学院"，德国科隆"媒体艺术学院"，日本"国际媒体艺术与科学学院"等不同的命名方式，都与其办学理念有着密切关系。

此外，海外的有些高校的传媒艺术教育依托于"系"存在，对于传媒艺术教育系的命名各高校之间也存在差异。如美国加州大学洛杉矶分校的"传媒艺术设计（Design Media Arts）系"，以艺术教育见长的天普大学的"电影和传媒艺术（Film and Media Arts）系"，爱默生学院的"视觉与传媒艺术（Visual and Media Arts）系"，哥伦布设计艺术学院的"传媒艺术（Media Arts）系"，克拉克·亚特兰大大学的"大众传媒艺术（Mass Media Arts）系"①，加州大学圣巴巴拉分校的"传媒艺术与技术（Media Arts and Technology）"专业，英国皇家霍洛威大学的"传媒艺术（Media Arts）系"，非洲安布罗斯阿利大学（Ambrose Alli University）的"戏剧与传媒艺术（Theatre & Media Arts）系"等系与专业。上述专业和系所有些具有博士培养资格。

当然，还有一些传媒艺术教育依托于研究中心或实验室而形成。如美国麻省理工学院的"传媒艺术与科技（Media Arts and Sciences）实验室"，耶鲁大学的"艺术数字媒体（Digital Media for the Arts）中心"，德国"艺术与媒体中心"等实验室和中心。需要说明的是，英文中 Media Arts 和 Communication Arts 的指涉通常不相同，Communication Arts 会更多指涉传播的技巧和方法等问题，因此不少以后者命名的院系专业上文没有列入。

2. 海外教育教学对传媒艺术的不同理解

认真分析现阶段以传媒艺术为名的院系、专业、实验室等的教育教学主张，可将其大致分为如下几个维度，供我们在观照海外传媒艺术研究时做辅助参考。

一是聚焦于数字新媒体艺术的人才培养，比如培养数字媒体艺术设计与创作人才，或者培养学生对数字新媒体艺术的本体和文化进行研究等。这些系

---

① 该系明确提出聚焦于如下几个方面的教育和研究：公共关系、新闻学、广播、电视、电影。

所、专业往往与相关理工科专业相融合,特别是融合了计算机科学、工程学等,以数字技术和网络技术等为支撑。

二是仅是电影或电视艺术等教学的替换表述。在人才培养方面多聚焦于传统意义上的电影电视策划人才、摄录人才、后期制作人才、评论人才的培养。

三是以更为传统的艺术与人文学科为导向。如从人类哲学、文化、社会、历史的发展来探析现当代艺术问题或媒介美学问题等。

四是意指较为小众的新媒介艺术,即二战后兴起的融入声、光、电元素的艺术形式,进行带有聚焦现代艺术意味的教学。

五是单纯强调对"技术"或者对"产业"的教学与研究。不过,也有院系对传媒艺术的理解值得关注,如哥本哈根大学知名的电影与媒介研究专业,"其宣传主页上明确地将电影、电视以及视听新媒体定义为目前最为重要的'传媒艺术与传媒文化的范例'"[①]。

五、结语

传媒艺术学研究和教学有助于艺术学发展从艺术本体出发,既能具体针对传媒艺术这个新兴族群进行分析,而不是以传统艺术理论解释传媒艺术生态;又能以整体性的视野考察传媒艺术各艺术形式的联系,而不是在一个融合的时代,依然用"条分缕析"的工业化时代的思维,过于边界清晰地考察各艺术形式。其建设至少有如下意义:第一,从现实意义看,深度而全面地开展传媒艺术教育和研究,正是思考艺术学区别于美学和哲学,并切实发挥"艺术门诊"功能的一次契机;第二,从学术研究来讲,面对新鲜的艺术融合之局,全面地开展传媒艺术教育与研究是尝试建构一门既"不同于"传统艺术理论,又超越"具体"传媒艺术品种的理论体系,即一个富有阐释效力的传媒艺术理论体系;第三,从学科建设来看,纵深地开展传媒艺术教育和研究,是思考艺术学在新艺术生态下如何增容,最终推动人类艺术学科在动态发展的轨道上绵延发展;第四,从国际意义看,开展传媒艺术教育和研究,是中国教育者、学者摆脱西方学徒心态,主动

---

① [EB/OL].[2014-04-05].http://www.media.ku.dk.

引领国际学术、教育与学科发展的积极表现。

作为新兴的交叉研究领域,传媒艺术学建设需要:(1)在大艺术的框架内,既着重凸显传媒艺术这一特定研究和教育教学对象的独有属性,也注重艺术学科范畴内的多元融通;(2)在全媒体的研究视野内,既注重艺术与大众传媒相结合的学科特点,也体现传统艺术、传统传媒艺术(摄影、电影、广播电视艺术等)与新媒体融合发展的态势,兼容并包;(3)在大文化的研究格局内,在引入批判学派和文化研究普遍性原则的基础上,探析传媒艺术研究特殊的文化内涵与价值观追求,及其在人类文化、人格结构中的支撑作用。

同时,我们在学科建设中,无论是在研究还是教育的理念上,力求避免用单一艺术形态做终极艺术表达,避免单纯将变化万千的技术手段作为本性研究,避免"渠道为王"而非"内容为王"的狭义媒介思维,避免认识维度优于本体维度的单纯社会文化视角认知。本文对传媒艺术学教育进行报告式梳理和一定的前沿观察,期待有更多同仁加入传媒艺术学科建设的队伍中来。

"第五块屏幕"的崛起与电影专业教育创新*

Rise of the Fifth Screen and the Innovation of Professional Film Academies

◇ 许 航**

Xu Hang

摘要:以虚拟现实VR和增强现实AR为代表的影像技术的发展,让影像传播中的"第五块屏幕"即头戴显示设备走进了人们的生活,影像的传播从传统的平面维度方式进入了深度空间方式的新阶段。"第五块屏幕"使观众观看电影的方式再一次发生了改变;电影讲述故事的方式将和原来有很大的不同。这种变化对电影从业者和电影专业院校在科研、教学等方面提出了新的要求。首先,电影专业院校应积极投入"第五块屏幕"所代表的未来影像技术的研发和创新中;其次,学校培养的人才要能适应并能运用新技术;最后,人才培养要适应"多屏"时代的要求,兼顾各种屏幕的特点。面对新技术的崛起,以北京电影学院为代表的专业院校从研究、创作、教育教学等方面都采取了相应的措施。

Abstract: With the development of virtual reality and augmented reality, the "fifth screen", namely the head wearing display device, came into people's life. Now the image spread from the traditional plane dimension into the new stage of the Deep space way. The "fifth screen" allows audience to watch the movie in a new way, and the way the movie tells the story will be very different from what it used to be. This

---

* 基金项目:2016年度北京市教委科研计划项目"普及型电影教育的可能发展路向"(编号:SM201610050005)。

** 许航,电影学博士、文学博士后,北京电影学院中国电影教育研究中心助理研究员。

change has put forward the new request to the film specialized University in the research, the teaching and so on. First of all, the film professional institutions should actively invest in the development and innovation of the future image technology, secondly, the talents of the school should be able to adapt and apply the new technology; finally, talent training should be adapted to the requirements of the "multi-screen" era. In the face of the rise of new technology, the professional colleges such as Beijing Film Academy have taken corresponding from the aspects of research, creation and teaching.

关键词：第五块屏幕　头戴显示设备　虚拟现实　电影专业教育

Key words：the fifth screen, headwear display equipment, virtual reality, professional film education

自描绘在岩洞中的壁画起，人类就展现了通过影像来反映世界、理解世界的渴望。这种渴望通过绘画、摄影、电影等影像作品表达出来，让人类一步步更加立体、逼真地反映自身所处的世界。在这一过程中，影像技术人员始终在努力还原人们真实的视听体验，拓展二维的视觉效果。然而，在很长的一段时间里，囿于技术条件的限制，人们只能将图像显示在一个矩形范围内，提供二维的信息。虽有3D等技术增强了电影画面的立体感、纵深感，但它并没有真正改变观影视角和信息维度带来的限制。电影创作者努力想让观众意识到，电影的画框只是电影所表现的现实世界中的一个"横截面"，它从左右、上下、纵深等方面都还应该有方位拓展。但创作者们只能更多地通过艺术的手段来实现二维影像中空间的拓展，具体体现在电影通过各种艺术手段对"画外空间"的"暗示"中。当下，以虚拟现实（VR）和增强现实（AR）为代表的影像技术的发展，让影像的传播从传统的平面维度方式进入了深度空间方式的新阶段。影像叙事从电影屏幕、电视屏幕、电脑屏幕、手机屏幕走向了既可以方便移动，又给人们带来虚拟现实体验的"第五块屏幕"——头戴显示设备（Head Mounted Device，简称HMD）。

"第五块屏幕"的出现将改变人类生活的方方面面：在教育方面，它将改变现有的教学模式,提供新的沉浸式的教学手段和方法;在医疗方面,它将提供全新的手术观摩手段,使远距离会诊更加清晰直观;在军事方面,它能够模拟真实战场,提供军事演练的机会;在旅游方面,它能够带你足不出户而游览各地美景;在艺术普及方面,它能够带你游览美术馆,听音乐会,看戏剧。它在多个领域描绘的美妙前景引起了高等教育界的高度重视。目前,很多高校都开始重视对"第五块屏幕"引领下的虚拟现实(VR)、增强现实(AR)等技术的研究和运用,从技术发展到技术运用的相关环节进行理论和实践的探索和创新。例如山东大学、北京理工大学等对虚拟现实技术的研究,北京师范大学新闻传播学院对虚拟现实的新闻应用,北京师范大学教育学院对虚拟现实等对将来教育技术的影响等的研究。北京电影学院作为国内电影教育的重镇,面对"第五块屏幕"及其相关影像技术的崛起和发展,从科研、创作和教学等方面入手,开展了一系列具有创新性的工作。

一、"第五块屏幕"对电影生产的主要影响

以VR、AR等技术为代表的"第五块屏幕"对于电影产生的变革主要体现在两个方面:一是观众观看电影的方式将再一次发生改变;二是电影讲述故事的方式,具体体现在电影的制作流程上,将和原来有很大的不同。

从观看方式上看,电影经历了大银幕放映、电视机放映、电脑放映、手机放映等观影方式的变迁。在这个过程中,观众一开始只能集中在电影院观影,仪式感较强,但自由度很差,观众如果在观看中间不得不离开电影院,可能就会错过影片的精彩片段。电视的出现一度成为电影强有力的竞争对手,但最终并没有消灭电影,并成为电影的播出渠道之一。电视使得观众的观影过程更加自由,某部电影不对胃口的话,他们可以选择转换频道,也可以一边做别的事情一边观看电影。录像机的使用更加强了观众的自由度,让他们能够选择自己喜欢的电影,并在自己喜欢的时间进行观看。电脑的出现更是让观众自由选择观看时间、观看地点的权利得到加强,同时,他们随时可以结束自己不喜欢的一部影片并随即开始另外一部。手机相对电脑更加轻便易携,观众可以随时随地继续

自己未看完的影片。纵观这一发展过程,观众的观影自主权得到不断加强,但观众观影的沉浸度则一直在走下坡路。电影制作者意识到电影院的优势,一直千方百计地提高电影的观影沉浸度,例如引入 3D 技术。3D 技术使观者能够通过佩戴特殊 3D 眼镜获得因两个影像重合而产生的三维立体效果,但从本质上看,这种视觉信息的传送平台仍旧是二维平面的,观众始终面对的仍然是一块在眼前的二维屏幕,无法真正"进入"屏幕之中。但 VR 技术所营造的三维空间"是一种极尽贴近真实世界体感的 360°立体式包围。这种包围打破了传统视觉叙事的平面限制,抽离了一直横亘于观者与电影叙事(银幕)之间的空间距离,让体验者获得身临其境的视觉震撼"①。"第五块屏幕"的出现将使观众的观影体验出现一次巨大的改变,这一改变以其沉浸式特征区别于以往的观影体验,使观影的真实感得到极大提升。目前,VR 影片的主要展播平台是网络平台,用户购买头戴显示器设备在网络上观看电影,这虽然方便了观众独自观看影片,但一方面头显设备较为昂贵,普通观众难以负担,另一方面观众也会丧失影院观影的部分乐趣。此外,"第五块屏幕"的出现,还将使观众和电影的交互性得到提升,观众可以在观影过程中选择自己特定的路线、情节等,这些在传统电影中靠平行剪辑或开放性结局提供给观众的选择,将在"第五块屏幕"中真正得以实现。目前,在荷兰阿姆斯特丹等地,已有专门的 VR 影院出现,VR 等技术会出现在越来越多的影院中,立体的观影体验将越来越使人愉悦。

在电影制作上,传统的电影制作流程也将被颠覆。技术创新将带动全新的影像叙述方式的发展,观众与影像间的互动性和智能叙事的可能性将大大增加。影像"讲故事"的流程将会有突破性的变革,采用全景摄像机,发展出机器智能叙事、数据库叙事等叙事方式。此外,影像的呈现方式也将发生改变,道具、灯光、人物等元素以数据的方式被包含在影像叙述流程中,将实现影视制作流程上的颠覆性变革。影像叙事的变革,对于电影行业有着非常重要的意义,电影制作者的行动也非常积极。例如,追光动画的三维动画电影《小门神》推出了 VR 预告片;米粒影业也推出了旗下作品《三只小猪与神灯》的 VR 片段。面对暴风科技,小米、乐视等一批上市公司都在研发自己的 VR 产品,蚁视、灵镜等

---

① 陈烁.VR 技术对电影创作的影响及其发展方向.电影文学[J].2017(17):8-10.

公司则专注于 VR、AR 领域。2018 年,好莱坞导演斯皮尔伯格的电影《头号玩家》在世界各地上映,影片将场景设置在未来的 VR 游戏中,模拟了 VR 影像叙事的未来。同时,影片也采取了 VR 设备协助拍摄的方式,例如将场景制作好放进演员的 VR 眼镜里,把空白的空间变成了场景,使演员能把观众在看到这种现实与虚拟转换时的感觉联系起来。

二、"第五块屏幕"对电影从业者提出的要求

"第五块屏幕"给电影带来的变化对将来的电影从业者提出了更高的要求,也对电影专业院校的科研、教学提出了新的要求。首先,电影专业院校应积极投入"第五块屏幕"所代表的未来影像技术的研发和创新。纵观电影发展史,技术的创新总是成为艺术创新的推动力。在"第五块屏幕"的推广和运用上,技术的进步,包括虚拟影像模拟的镜像越来越清晰;需要的辅助设备,例如头戴显示器等能够越来越轻便,越来越便于携带和佩戴,对视力造成的可能性负面影响越来越小等,都将影响"第五块屏幕"能否真正被大范围地推广和使用。每一次传媒技术的创新,传媒设备是否便于使用,都会影响技术的大范围推广。就像用手机观看影像作品,曾经也经历了一次次的技术难关,移动设备的一次次换代更新、流媒体技术的一步步发展等,使用手机随时随地观看影像作品不仅成为可能,而且手机成为人们生活中非常主流的娱乐设备。同样的,只有虚拟影像所需要的设备越来越便携,媒介体验越来越良好,价格越来越为普通消费者所能接受,虚拟影像才能够真正地得到推广和运用。

在影像创作的技术创新上,如何推动创作技术的进步,使技术的创新和影像的创作结合起来,成为研究者关注的重中之重。"第五块屏幕"所指向的影像创作和今天的影像创作将有很大的不同,创作流程中的每一步都有可能呈现和今天全然不同的面貌。摄影环节将是可计算的,例如三维激光扫描技术,可以深入到复杂的现场环境及空间中进行扫描操作,在此基础上,三维模型重建通过三维激光扫描仪获取建筑物的点云数据,通过对点云数据进行预处理、配准、

网格化等来恢复建筑物的三维模型,使得到的影像更加客观、真实。① 同时,影视特效和后期制作进一步发展,例如"虚拟摄影机"技术将得到进一步完善,实时摄影机跟踪、实时分割、光照估计、虚拟人行为规划、渲染等技术进一步加强。在影像存储上,将发展海量影像数据库存储技术,包括面向影像大数据的挖掘与分析、影像数据云存储的统一存取与检索、影像数据的层次化特征库建立等。影像的存储和共享,将使创作变得更加简便易行,有一些场景,人们可能不需要进行拍摄,而只要进入影像数据库进行购买和下载,就能在自己的作品中使用。凡此种种,都是"第五块屏幕"的发展需要突破的技术问题,有针对性地对这些技术进行研究和运用,将使电影专业院校在 VR、AR 等未来影像创作技术的突破和发展上抢占先机。

其次,作为电影制作者和传播者,要能够适应新技术带来的变化。电影作为一种典型的艺术与技术相结合的艺术类型,技术的每一次进步都给电影的艺术表现手法、传播推广方式等带来了相应的变化。未来电影的创作,包括电影创作的每个流程,都将发生改变。例如在摄影过程中,与以往的二维画面不同,摄像师要考虑全方位的影像展现。观众在观看的过程中是处于全息环境,这就意味着他们可以选择自己的观看角度,人眼所能观看的各个角度,摄影都必须提供相应的画面,而不仅仅是二维图像。又如在编剧环节中,剧本必须时刻关注观众的主动性和互动性这一需求,叙事从线性叙事转向发散性叙事,观众在某个环节中打开不同的门,再打开房间中不同的盒子,等待他们的都将是不同的剧情。而在观看环节,可以预见,在不久的将来,VR 影院将慢慢增多,传统的影院也将新增 VR 影厅,如何带给观众更好的观影体验,也将是电影专业人员需要面临的问题。学校对专业人才的培养,应该适应或者引领行业发展的需求,这样才能让高等专业教育和行业的发展相互衔接,使专业教育更加高效。

最后,各种各样的观影屏幕的存在要求培养适应多屏时代的电影人才。如前所述,电影发展至今,每次观影方式的变化都给观众带来了新的观影体验,观众能够从越来越多的屏幕上看到电影。历史地看,"第五块屏幕"的出现将使观众的观影体验获得再一次的飞跃,但它并不会代替或者取缔其他屏幕的存在,

---

① 刘伟,王爱军.三维激光扫描技术在建筑物建模测量中的应用[J].山西科技,2012,27(05):95-96+99.

"电影"作为一种依靠视听语言存在的叙事艺术仍会在各种屏幕中存在。将来,电影创作者面对的是一种多屏幕并存的环境,观众对影像娱乐的获取会是多渠道、多方面的。而对电影人才的培养,也必须适应时代的要求。在多屏时代,电影专业的学习要兼顾各种屏幕,认识到各种屏幕不同的特点、各自的优点和缺点,才能既讲好故事,同时兼顾观众不同的观看选择。近年来,观众见证了"网剧"的崛起,《河神》《最好的我们》《无罪之证》《你好,旧时光》等网络自制剧都获得了很高的播放量,被称为网剧"爆款"。这些片子的导演都出身于北京电影学院,在电影业界摸爬滚打多年,但一直不能导演自己的作品,很多仍处在副导演的位置上。网剧的崛起给他们带来了新的机会,电影专业教育给予他们的视听语言训练、叙事训练等被很好地派上了用场,换了一种播出渠道,他们的专业素养得到了观众的瞩目,成就了这些"爆款",甚至使"北影"被戏称为"北京网剧学院"。对于专业电影院校来说,新媒体对电影行业的冲击既是挑战也是新的机会,在电视剧火爆的年代,北影培养出了姜伟、姚晓峰等电视剧导演,网剧的兴盛给了年轻人新的机会,不久的将来,在"第五块屏幕"的弄潮儿中,依然会出现电影专业院校学生的身影。诚如电影教育者刘军所言:"多屏时代的到来,电影观众在整个电影产业链中的权力逐渐加大,逐渐由传统文化时代的卖方市场变成了买方市场。因此,就教育服务的提供者来说,传统电影专业院校的人才培养,永远不能满足市场观众的所有需求,产业人才的缺乏成为常态是时代的必然,尤其是相对于中国电影产业的发展规模而言,中国电影人才要做到规模化、优质化、梯队化的提供,更是相当长时间内的严峻挑战。"①如何培养适应多屏时代专业要求的学生,是专业电影院校未来的重要任务之一。

三、电影专业教育的创新举措

面对新技术的崛起,北京电影学院从研究、创作、教育教学等方面都采取了相应的措施。

在电影技术的研究上,"未来影像高精尖创新中心"平台的搭建是学校面对

---

① 刘军.多屏时代的卓越性追求:中国电影专业院校的人才培养思考[J].当代电影,2017(02):4-8.

新一轮技术革命所做的最重要的战略部署。中心以电影技术,尤其是"第五块屏幕"代表的未来影像技术为推动力,助推电影专业院校在未来的立体影像时代抢占先机,并在电影教育上保持领先地位。在技术研究方面,学校的影视技术系及其下属的中国电影高新技术研究院是学校电影技术研究方面的主要力量。影视技术系的前身是学校在20世纪90年代成立的数字艺术与技术研究中心,该中心于1997年开始招收电影学数字电影技术研究方向的硕士研究生。2003年,数字媒体技术研究所成立;2005年,在数字媒体技术研究所的基础上成立了影视技术系。2013年,北京电影学院中国电影高新技术研究院成立,在电影技术学科基础上,对数字电影制作、特种电影制作等进行相关研究。目前,影视技术系已经建立起了数字电影实验室、特种电影实验室、影像评测实验室,并搭建了从前期拍摄、后期制作到影院放映的数字电影技术教学、科研和创作平台。在此基础上,北京电影学院由北京市教委认定并培育了中国电影高新技术协同创新中心,承担并完成了新兴技术研究课题《数字电影摄制工艺技术研究》《电影技术发展动态跟踪与研究》《现代影视制作色彩管理系统研究》《数字特种电影技术跟踪研究》等,研发出了拥有自主知识产权的数字立体摄制系统、影片色彩管理系统等。

在已有的科研基础上,未来影像高精尖创新中心成立后在研究上很快打开了新的局面。2016至2017年度,该中心两次举办了"北京国际先进影像大会暨展览会",汇聚了国内外影视、IT、光电等领域的专家学者、企业家,通过会议与展览会,引导行业聚焦未来的机遇与挑战,帮助艺术家们启发创新思维,提高作品创作质量。会议讨论了高质量影像、先进流程、VR/AR内容制作和未来影像等方面的议题。该展览会成为本领域内的年度盛会,对以VR、AR等为代表的未来影像技术进行研究和讨论,引领行业的发展。中心建立后产出了高质量的学术成果,其中,以北京电影学院为第一发表单位的论文"Dip Transform for 3D Shape Reconstruction"入选SIGGRAPH2017年会并且在国际计算机图形学领域排名第一的期刊 *ACM Transactions on Graphics* 上发表,获得了国际学术界的关注和全球媒体的广泛转载。中心还定期举办"影像沙龙",关注业界前沿动态和热点话题,中心成立至今已经成功举办十余期。内容包括三维扫描与快速建模如何改变世界、长期沉浸于虚拟现实的安全与健康问题、虚拟现实内容制作的技术解决方案、如何用互动数字媒体来讲述故事、展开 VR 的动画探索等。

研究之外,电影创作是以北京电影学院为代表的专业院校在科研教学中的一个重要环节。北京电影学院作为专业院校的领头羊,在这方面有着长期积累和先发优势。学校下属的青年电影制片厂,既是学生电影创作实践的组织指导单位,又是教师艺术创新实践的生产单位。学校各院系也都积极开展创作,理论联系实际,从创作于 20 世纪 80 年代的《邻居》《本命年》到近期的《寻龙诀》,从"金鸡奖""百花奖""华表奖"到"金棕榈奖""银熊奖"……师生们的创作令人瞩目。面对未来的影像科技创新,学校也开始了创作方面的探索。"未来影像高精尖创新中心"开始了 VR 短片《龙凤决》的拍摄。该片采用 RED EPIC 自制全景架构,全程以 59.94FPS 高帧率进行拍摄,同时辅以 3D VR 技术,原型设备的单目分辨率可达 4K。影片后期则以实拍+CG 的方式呈现。在 2018 年的平昌冬奥会上,张艺谋的"北京八分钟"也有北京电影学院的功劳。"北京八分钟"通过多媒体展示了北京的冰雪景象和人文景观,具有很高的技术含金量。在排练过程中,北京电影学院未来影像高精尖创新中心组建了"仿真视觉设计"团队,对"北京八分钟"进行了虚拟预演与训练,协助导演组完成演出方案的设计和实施。为此,中心专门研发了"创意设计全景虚拟仿真系统"和"训练彩排与数字验证系统",并为演出提供了核心技术支持。"北京八分钟"综合运用了轮滑演员、地面投影、动态视频和玩偶等表演元素,参演要素多、创意过程复杂、排练关联度高,中心团队通过全要素虚拟仿真的方式,为每一版设计方案进行数据化、模型化和可视化呈现,帮助导演把控、决策及完善表演方案。此外,在排练过程中,为了能让导演和演员迅速、直观地观看、了解演员的运动轨迹和理想运动轨迹的差异,"训练彩排与数字验证系统"为每个演员生成了个人的滑行路线,供演员们自行练习。

在电影理论的研究上,北京电影学院不仅发展与技术相关的理论建设,更是着眼未来影像的发展,致力于在这场新的国际较量中抢占先机,建构"中国电影学派"。2017 年 9 月,在国家新闻出版广电总局的批准下,北京电影学院成立了"国家电影智库",以"探索具有中国特色的电影产业发展道路"为目标,坚守

"咨政建言、理论创新、舆论引导、社会服务"目标,为党和政府提供决策咨询,为电影行业发展建言献策。2017年10月,北京电影学院成立了"中国电影学派研究部",研究部的目标是"总结提炼中国电影学派的精神与特色,概括中国电影创作的核心竞争力"。"国家电影智库"和"中国电影学派研究部"的成立,是北京电影学院面对"第五块屏幕"崛起后未来影像发展所做的理论支持,为此学校组织了"中国电影科技与工业发展的现状与未来"等智库沙龙,探讨虚拟现实技术前沿及其与艺术交融、新型裸眼3D技术与未来3D影视等理论问题。

对于北京电影学院来说,教书育人一直是工作的重中之重,科研的创新也将服务于人才的培育。技术创新对电影人才培养的影响,对于世界各国的电影专业院校来说都是需要面对的问题。在2015年由北京电影学院举办的"世界著名电影院校校长论坛"上,与会的多位校长提及技术更迭对电影人才培养带来的挑战,介绍了应对的经验。在论坛上,来自世界各地的校长们对未来的电影教育达成了几点共识,提炼出了《北京共识》,其中包括"新媒介、新技术语境下,电影专业教育应当在传统艺术培养与新兴媒介素养教育方面取得平衡"。在这次峰会上,多位校长谈到了新媒介给电影教育带来的冲击,并且看到了新技术给电影教育带来的新的发展机会,表示应探寻未来电影教育的新范式。阿根廷国立电影实验与制作学院校长 Pablo Rovito 把对未来电影教育新范式的探索称为探究现有影响因素对电影教育的"反射线",认为应该在制片过程、电影语言、电影技术、视觉美观等方面做出应对,探索电影教育新范式,应对新的发展。面对"第五块屏幕"的崛起,电影教育也会出现新的"反射线"。专业院校的学生将有机会接触最新的科研动态,参与到 VR 影片等影像作品的拍摄中。北京电影学院的各个不同院系也将从电影制作的不同环节入手,为学生适应新技术的发展奠定基石。2016年,由北京电影学院中国电影教育研究中心主办,中华爱子影视教育促进会、未来影像高精尖创新中心承办的"第三届电影教育国际论坛"在北京电影学院召开。来自北京大学、北京电影学院、上海大学、阿姆斯特丹大学等国内外高校的80多位学者共同研讨了"新技术条件下的电影教育"这一论坛主题。论坛上举办了"电影教育的高新技术展望"主题沙龙,来自北京电影学院、中国传媒大学、中央美术学院的专家学者,一起探讨了 VR、

AI、交互媒体等影像技术发展的未来趋势及其对电影教育的影响。2017年,面对未来多屏幕时代"无处不在"的电影,北京电影学院与荷兰阿姆斯特丹大学联合举办了"无处不在的电影:电影教育、流动性与故事讲述"研讨会,探讨在面对电影"无处不在"的多屏幕存在时,电影教育如何应对新的挑战。在这次研讨会的"电影教育"讨论环节中,与会专家学者就"新技术时代的教学创新""电影院校与专业教育的角色""全球化时代的电影课程的改变""电影教育中的数字工具与方法"等议题进行了讨论,会议认为,电影教育与电影的发展息息相关,VR等技术的发展将对未来的电影专业教育提出新的要求。

四、结语

"第五块屏幕"的崛起,为电影专业院校的科研创新和教育发展带来了新的问题和挑战,也创造了新的机会。如前所述,目前,像北京电影学院这样的专业院校已经有针对性地进行了一系列调整,在科研、创作和教学上都有了一定的策略应对措施,但还有很大的提升空间。这一方面缘于技术发展本身的曲折性,特别是对于新媒介来说,它从出现到被广泛地运用总是需要一定的时间;另一方面缘于高校教育创新的复杂性。随着技术的发展,如何在教学中正视新技术的存在,以研究带动教学,在教学中反思研究,是教学研究工作者需要面对的问题。

"第五块屏幕"的崛起,突破了传统影像叙事的空间,给以电影为代表的影像叙事媒介带来了前所未有的挑战,在这个过程中,影像制作、传播等方式都发生了变化,由此给影像创作、传播的各个环节也带来改变。这些改变将如何影响新的影像叙事方式的形成,将如何改变未来的视听语言,将产生何种新型的创作者和受众之间的关系等,都是电影教学研究人员不得不面对的问题。如何适应新技术的发展,让"第五块屏幕"更好地服务于未来的影像创作,如何引导学生去适应新技术的发展、挖掘新技术带来的新的创作增长点,将是未来一段时间内电影教育工作者努力的一个方向。

参考文献：

[1]陈烁.VR技术对电影创作的影响及其发展方向[J].电影文学,2017(17):8-10.

[2]刘伟,王爱军.三维激光扫描技术在建筑物建模测量中的应用[J].山西科技,2012,27(05):95-96+99.

[3]刘军.多屏时代的卓越性追求:中国电影专业院校的人才培养思考[J].当代电影,2017(02):4-8.

新形势下新闻学本科教育的挑战与策略：以中外比较的视角

Challenges and Strategy on Education of Journalism Major in New Era：From the Perspective of Sino-foreign Comparison

◆ 张玉洪*

Zhang Yuhong

摘要： 新闻学本科专业教育在新媒体环境下面临诸多挑战，尤其是信息生产、消费和传播方式的变革。文章基于当下中国高校新闻学教育专业性不够、自主性与创新性不足的现状，结合中、美、英三国知名新闻院校的培养方式、课程设计与师资力量等方面的对比分析，对新形势下新闻教育理念与实践的改进提出了有针对性的建议。

Abstract： With the booming of internet, the education of Journalism major is facing many challenges under the new media environment, especially the transformation of information production, consumption and dissemination. Based on the status quo of lack of professionalism, autonomy and innovation in some Chinese universities, this paper makes a contrastive analysis on the training mode, curriculum design and the faculties of the leading universities in USA, Britain and China. There is some suggestions for the improvement of the idea and practice of news education.

关键词： 新闻教育　比较分析

Key Words： Journalism Education, Comparative analysis

---

* 张玉洪，中国劳动关系学院文化传播学院副教授。

新闻学专业是文科专业中开设最多的专业之一,全国共有三百多所大学设有新闻学专业。其原因无非是开设门槛低(不少中文系开设新闻学专业)、属"万金油"专业(学习杂、就业宽)。但另一方面,新闻学专业又是一个更新速度较快的专业。新闻媒介的技术发展速度(以新媒体为代表)与理念的更新(以融合媒体为代表),都对新闻学专业的教育提出了更高的要求。

从实践角度来看,由于新闻学专业开设院校数量众多,这实际上给专业的品质与评价带来了巨大挑战,加之行业的新变化对教学及人才培养模式的挑战,迫使学界与业界对新闻教育进行思考,并提出行之有效的策略。就专业的发展来看,新闻学是全球同步发展(从理念、技术等层面)的专业,因此在探讨新闻教育,尤其是如何培养应用型新闻人才时,理应将视野放在全球,以探寻解决之道。

一、当前新闻教育面临的主要挑战

就院校开设的专业来说,新闻传播学类本科专业(包括新闻学、广播电视、广告学、编辑出版学和传播学等专业)逐渐成为各大院校的一门普及性专业学科。而在这其中,新闻学专业则是开设数量最多的。但遗憾的是,少有论文分析新闻教育出现问题的背景因素,而这是非常重要的。

(一)以互联网为代表的新媒体迅猛发展

中国互联网的发展其实只有二十多年,但其速度可谓惊人:就网民人数来说,从2002年的5910万人发展到2017年12月的7.72亿人(手机网民规模达7.53亿,网民中使用手机上网人群的占比为97.5%);与此对应的是,互联网普及率从2002年的3.6%提高到55.8%①。

在用户规模扩大的同时,"注意力经济"效应得以显现:2017年中国网络广

---

① 中国互联网络信息中心(CNNIC).第41次中国互联网络发展状况统计报告.

告市场规模为2957亿元。从2010年起,网络广告增幅迅猛,连续三年超过50%,尽管从2015年起增速下降,但仍在20%以上。

与之相对的是传统媒体广告收入的下降。我国传统媒体广告市场自2014年起陷入下降通道以来,已经连续四年负增长。2017年1—12月报纸广告市场下降了32.5%,降幅大致已经稳定①。

环球同此凉热:以英国为例,从1997年到2014年,发行量前十位的报纸总发行量减少6 387 599份,下降幅度为46%。相应的是每家报纸的发行量都大幅下滑,不少报纸(如《每日电讯》《泰晤士报》和《卫报》)发行数量直接被腰斩②。

美国的情况也不容乐观:2016年,日报(包括纸质版和电子版)订阅量下降8%,这已经是连续28年下降。广告收入则以两位数减少。另一方面是报纸雇员的减少,2015年有41 400名编辑或记者,比2014年减少4%,比2004年则减少了37%③。

更重要的是,以网络媒体为代表的新媒体的发展对新闻业来说,带来的不仅仅是量变,也是质变,主要体现在:

1.信息采集与编辑方式的变化

当互联网从Web1.0向Web2.0升级后,新闻信息的生产方式发生了很大的变化。一是新闻信息发布(把关)的层级减少;二是新闻信息的生产者多元化,比较典型的是公民记者的出现(包括近年来出现的新闻众筹④)。

其中最大的变化是:与"专业制作内容"(Professionally Produced Content)不同,2005年开始兴起的用户生成内容(User-generated Content,缩写:UGC)模式开启了信息生产与消费的融合,许多图片、视频、博客、播客、论坛、评论、社交、Wiki、问答、新闻、研究类的网站都使用了这种方式。

2.新闻信息传播方式和消费习惯的变化

随着智能手机和平板电脑等硬件设备价格下降,加上3G、4G的运用尤其是

---

① 姚林.2018年传统媒体广告市场趋势向好[J].青年记者,2018(01):21-23.
② 数据来源:英国发行审计局(Audit Bureau of Circulations).
③ 数据来源:Newspapers Fact Sheet,http://www.journalism.org/fact-sheet/newspapers/,JUNE 1,2017.
④ News Crowd-Funding,即由发起人设立一个写作计划,通过网络向公众筹集资金去实施,回报是捐资者第一时间收到作品等。

资费的下降,这一切都直接推动了移动互联的实现。人们获取新闻的途径开始发生变化。

截至 2017 年 12 月,我国网络新闻用户规模为 6.47 亿,年增长率为 5.4%,网民使用比例为 83.8%。其中,手机网络新闻用户规模达到 6.2 亿,占手机网民的 82.3%,年增长率为 8.5%[①]。

新闻信息生产出来后,传播的渠道呈现多样化的样态,最主要的渠道是互联网,其中社交媒体则是最主要的出口。新闻信息消费的平台化成为时代的表征。

2017 年,牛津大学路透研究院通过对 194 位主流媒体的总编、总经理和网络高层的调查,发现接近一半(44%)的人比 2016 年更加担心平台的影响,只有 7%的人担心程度没有增加[②]。

正是在新闻信息传播平台化的背景下,"内容为王"一定程度上受到影响,"渠道为王"开始大行其道。另外,受众的信息消费习惯也在发生变化。其中,信息消费的快餐化、个性化(定制)与互动化(重参与、重分享)也开始显现。"算法推荐"式推送开始大行其道,对新闻传播观念(何为新闻? 何为新闻价值?)都产生了影响。

(二) 新闻学的专业性受到侵蚀

用"内外交困"来形容目前新闻学专业的现状,应该也不为过。所谓内,是指新闻实践界自身存在种种问题;所谓外,是指各种因素对新闻专业性的影响。

就新闻实践界来说,自身的专业性亦存在问题。且不说传媒"社会公器"的高标准达不到,有时连真实、客观的基本要求都满足不了。比较典型的是虚假新闻难以杜绝。上海《新闻记者》杂志连续十多年评选年度十大假新闻,每年都有假新闻产自知名媒体或网站。

更多的新闻实践则因新闻专业性受商业利益的影响而改变。最极端的新闻

---

① 中国互联网络信息中心(CNNIC).第 41 次中国互联网络发展状况统计报告.
② Journalism,Media and Technology Trends and Predictions.2018 年的新闻、媒介与技术发展趋势和前瞻[EB/OL].[2018-03-26].http://reutersinstitute.politics.ox.ac.uk/our-research/journalism-media-an-year.

案例是2013年的农夫山泉"标准门"事件,从4月10日至5月7日,《京华时报》持续28天以连续67个版面、76篇报道的规模对农夫山泉水质标准进行报道,认为其标准不如自来水。难怪农夫山泉公司向国家广播电视总局递交了举报信和相关证据材料,并指出:"如此规模地对一家企业的批评报道,在中国新闻史上绝无仅有……具有明显的预谋和组织性质,对农夫山泉实行舆论暴力。"

无论是平面媒体还是广电媒体,单一媒体操作的不规范(甚至作假)损害的并非个体的声誉,同时也对整个传媒群体的权威性与公信力造成伤害。而在网络媒体上,大量虚假消息广泛流传,同样造成极坏的影响。

到底是什么原因导致这一现象的呢?就当下的新闻实践界来说,并非每一个记者都经过培训上岗,加上公民记者的出现,新闻记者的准入门槛实际在降低。而网络媒体编辑同样门槛不高,不少职位由实习生完成。因此,新闻工作实际上从专业性工作向半专业性工作转变,而这种氛围又对坚守专业主义的媒体造成了影响(比如很多传统媒体在选题、制作新闻等方面追随网络媒体)。

此外,在信息传播渠道多样化、受众争夺竞争惨烈化的今天,服膺于"注意力法则"下的"流量制胜""竞价排名"和"算法机制"等运营花招,让传播者成为商业变现的异化物。在这样的风潮下,媒体的公共性被削弱①。

(三)新闻学专业的自主性与创新性不足

一方面,全国众多高校纷纷开设新闻学专业;另一方面,从国家层面来看,1997年国务院学位委员会将新闻学和传播学合并成为"新闻传播学",作为可以授予博士和硕士学位的一级学科,教育部也正式将新闻学与传播学并列为一级学科,下设新闻学、广播电视新闻学、广告学、编辑出版学4个本科专业(后又增设传播学、国际传播、媒体创意等专业)。

新闻学专业从学科建设的角度来说,已然成形,但专业的自主性还很弱。首先从其自身来说,"新闻无学"②一词流传多年,从20世纪90年代至今,它仍

---

① 张玉洪.商业变现冲动与网络信息传播异化[J].青年记者,2018(07):53-54.
② 唐远清.对"新闻无学论"的辨析及反思——兼论新闻学学科体系建构和学科发展[M].北京:中国广播电视出版社,2008.

是学界讨论的话题。2008年,更有学者出版了专著,探讨"新闻无学"这一话题。仅从这一罕见现象(少有学科会有人不断探讨其是否是一门学问),就能看出其自主性的问题。

此外,新闻学专业自主性不足还体现在:从人才培养上,新闻学专业与传播学专业常常容易被混淆。有学者就发现,很多专业名称混乱不清。比如,新闻专业和广播电视新闻专业,两者是包容关系,搞成并列……由于专业设置时内涵不明确,以致在实际操作中,就各取所需,五花八门,出现了新闻传播学科的"无边界"现象。一些专业院校的传播学专业多设在"人文学院",它们往往无新闻学专业,传播教育新闻教育化的倾向突出。

李希光也指出了现实的难题:到底新闻学教育是新闻记者的摇篮还是传播学者的温室?在他看来,新闻学和传播学培养的是不同的人才。新闻学培养的人才有一种社会责任感和社会使命感,他们通过新闻报道,引起社会公众的关注,为公众利益服务。但传播学培养的人才,服务的最终目标不是广大的公众,而是各种利益集团。在传播学的名下,在某些新闻院系,新闻学的核心课程(新闻采访写作)正在沦落成一门选修课,新闻学教育因此正在失去它的灵魂——内容(新闻或故事的制作方法和方式)①。

于是,恶果就产生了,"新闻学博士不会写新闻"成为2005年的一个社会热门话题。在实践中,不只存在新闻学博士不会写新闻的问题,不少新闻学本科生学了四年亦不会写新闻,到了实习岗位或工作岗位再从头学习。不少学新闻的毕业生找工作难,做本行工作的比例很少,这也是专业教育的困境。

除了专业的自主性有问题外,新闻学专业还有一个重要的问题是创新性不足。新闻领域可以说是日新月异。一些新鲜事物,比如说自媒体、公民记者、众包(Crowd-soucing)、融合新闻、信息(含数据)可视化(Data Visualization and Infographics)、AI(人工智能)新闻等,有的看起来是技术概念,实则隐含了新的传播理念。

以信息可视化为例,央视从2012年8月起曾推出近60期的《数字十年》系

---

① 李希光.是新闻记者的摇篮还是传播学者的温室?——21世纪新闻学教育思考[J].新闻记者,2001(01):24-27.

列成就报道。节目以可视化的表现手段,展示十年来国家取得的辉煌成就和人民生活发生的巨大变化,引起了社会的广泛关注和好评。而英国的《卫报》近年来在实际操作中使用最多的主要是数据地图、时间线和交互图表①。

但针对这些新变化,新闻教育却是滞后的,无论是教学理念还是教学内容,与新变化缺少呼应,培养的人才很容易与现实所需脱节。

(四)师资力量的困窘与知识更新的难题

一方面是专业设点多、招生多,而另一方面,新闻学的教师数量和质量跟不上。吴廷俊2009年在总结1978年以来的新闻教育问题时就指出,"目前,我们新闻专业的师资显然不够,数量不够,质量更不够。虽然大都有教授、副教授职称,但他们大都为半路出家。既没有系统地掌握新闻传播类的知识,又没有足够的新闻实践经历,要他们来充当新闻传播专业的教师,实在是有点勉为其难"②。

高钢则指出了师资力量的另一个问题:"各个教学机构的师资队伍、课程设置、实验条件、科研水平呈现出巨大差异,中国新闻教育存在着明显的不平衡性。"③张昆认为,"要适应传媒行业的变迁和人才需求的变化,新闻教育必须进行彻底的改革,在此基础上实现结构性转型"④。

新闻学教师队伍可简单划分为存量资源与增量资源,前者指中老年教师,后者指青年教师。前者有不少非新闻专业毕业的,当然也没有新闻实践经验;而就后者来说,近年来各大高校招聘时对年龄与学历(甚至要求海归)有苛刻的要求,这样一来,有过丰富实践经验的,要么没有学位,要么年龄太大,是很难进入到教师队伍的。

与之相随的是高校办学自主性的缺失。美国加利福尼亚大学伯克利分校高等教育研究中心高级研究员约翰·奥布雷·道格拉斯曾在《社会研究》撰文认为,中国高校教育质量要提高,并达到世界级水平,面临着多重挑战。其中之

---

① 章戈浩.作为开放新闻的数据新闻——英国《卫报》的数据新闻实践[J].新闻记者,2013(06):7-13.
② 吴廷俊.问题与成绩同行:1978—2008中国新闻教育发展研究[J].新闻大学,2009(02):33-42.
③ 高钢.媒介融合趋势下新闻教育四大基础元素的构建[J].国际新闻界,2007(07):29-34.
④ 张昆.新媒体时代新闻教育的转型[N].中国社会科学报,2017-10-19(003).

一就是教学、研究、行政管理应从教育部门的要求、干预转向一种自主性行为。而全球化将有利于中国的学术带头人提升学术的独立性,包括学术自由的创新水平以及行业内质量控制的提升①。

就目前大多数高校的新闻学教学来说,因考核课时、工作量的关系,多是室内上课。即便是实践课,要到室外上课也不是想执行就能执行的。因此,在上课的灵活性及质量上,很难说有现实针对性。所以就会出现学生上了"新闻采访""新闻写作"课,但实际上并没有动手的机会的现象。

另外一方面,为了应对新形势的变化(如传播形态、新闻故事讲述技巧的变化),新闻学教师面临知识更新的问题。这是实践之需,亦是现实难题。但因种种原因(如年龄大、疲于工作与生活),"一本书用一辈子,一个课件讲到退休"的现象并不少见。当然,目前高校"重科研、轻教学"是通病,这也给教师带来了不好的导向。

二、新闻教育的现状分析:以中美英新闻学本科教育为例

如果展望全球视野,我们会发现,在上文所述的当前新闻教育面临的主要挑战中,一些是全球性的(如新媒体的发展、传播方式与信息消费方式的改变),一些则是地域性的(如师资力量、办学自主性问题)。

那么,目前新闻学本科教育的现状如何?在考察时,我们当然不能局限于某一地,而应将其放在全球视野中来考察。本文将选择中国、美国、英国的新闻学教育名校来分析,选取了中国人民大学、美国密苏里大学新闻学院和英国威斯敏斯特大学,此外也会旁及其他开设新闻学专业的学校。

我们将从培养目标、专业与课程设置、师资力量三个维度进行分析,这是因为,它们决定了新闻教育的品质。

---

① JOHN A D.China Futurisms:Research Universities as leaders or followers? [J].Social Research,2012,79(3).

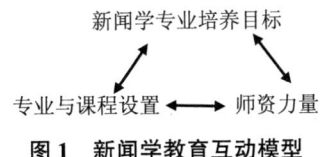

图 1　新闻学教育互动模型

如图 1 所示,新闻学教育的核心三要素之间是互动关系:一方面,培养目标(或方向)是指导思想,对专业与课程设置和师资力量有决定性作用;另一方面,专业与课程设置和师资力量也会对培养目标起到反向作用。

(一)培养目标

表 1　中美英高校新闻学专业培养目标

序号	学校名称	本科阶段培养目标	硕士研究生阶段培养目标	备注
1	中国人民大学	培养具有复合型的知识结构、全面的专业技能和优秀的发展潜质的新闻传播人才。毕业生适合在通讯社、报社、杂志社、网站及新闻传媒集团中担任新闻记者、新闻编辑,或者在党政机关、企事业单位从事新闻传播管理方面的相关工作	培养热爱祖国、德才兼备,具有国际视野和现代传播理念,熟练掌握新闻传播技能与方法,适应新闻传播事业发展的高层次、应用型专门人才 研究方向为:新闻理论、历史和实务 学制为两年	本科学制:四年
2	密苏里大学新闻学院	培养新闻专门人才,学生可在 30 多个领域里选择自己所好,以决定职业生涯,比如融合新闻、杂志编辑、公司新闻等	培养高层次人才,偏重领导才能,因此硕士毕业生被人们称为快速晋升者(fast-trackers) 学制为两年	设新闻学本科生咨询办公室。共有 6 名咨询教师(academic adviser)对分组的学生进行专业咨询,并在其成为记者的道路上为其提供建议 本科学制:三年
3	威斯敏斯特大学	培养有强大理论知识背景的通用实践人才。除教授传统媒体技能(如研究、报道和写作)之外,还将教授多媒体和网络技法,以培养各领域的优秀记者	培养专业人才;新闻硕士(报纸杂志方向)招收国际学生,另有全球媒体和社交媒体专业 学制为一年	新闻学学士学位已经被新闻广播培训委员会所认可,而新闻广播培训委员会也认可其现代多媒体教学方法 本科学制:三年

从表 1 可以看出,中美英三国大学在培养新闻学专业人才时,培养方向还是有差别的:其中,在本科阶段最注重实践性的是密苏里大学新闻学院,无论从

专业设置还是咨询教师的安排来说,都在为培养专业记者着想,而硕士阶段则注重高级实践和管理人才的培养。威斯敏斯特大学也以实践性著称,虽没有细分领域,但在学制要求里,有工作(或实习)经验的要求,而硕士阶段则分不同媒体类型培养。中国人民大学的培养方向是中国内地高校典型的设计,本科培养综合性的新闻人才,而硕士则分别培养新闻理论、新闻历史和新闻实务三个方向的人才。

就目前中国内地高校新闻专业的培养方向来说,虽然在本科阶段致力于培养新闻实践人才,但实际上就教学来说,这一目标并不明确(多突出综合性而非实践性),而且在教学中也很难得到落实,从而导致学生什么都学习了,但真正想到和能到新闻单位的很少。以笔者所在学校为例,每年毕业的学生中有三分之一能从事新闻工作就很不错了,反倒是考研和到其他行业工作的居多。而研究生阶段,三个方向的课程与本科期间大量重合,这也出现不少非新闻学专业的学生也能攻读新闻学硕士的情况。

英、美的这两所大学则不同。以笔者访学的威斯敏斯特大学来说,新闻学本科学生在媒体行业有着非常高的就业率,包括网络电台、全国性报纸和杂志、知名网站、顶级公关机构和主要电视公司。而攻读硕士学位的绝大多数是非英语国家的学生。密苏里大学新闻学院新闻学毕业生有到广告公司、公关公司和政府部门的,但到媒体的也不少[1]。

其实在中国内地唯一以新闻实践性人才为培养目标的学校应是2002年停办的中国新闻学院。该校于1986年成立,由新华社主办。

(二)专业与课程设置

正因为培养目标有差别,中国内地的高校多以综合性新闻人才为培养目标,于是在新闻学相关专业里就涵盖了多门学科及多个领域,而英美高校则在本科阶段就有所细分,以体现领域的专业性。

---

[1] 潘祥辉,孙志刚.务实创新:媒介融合时代的美国新闻教育及其启示——访美国密苏里大学新闻学院高级社会研究中心主任孙志刚博士(下)[J].浙江传媒学院学报,2012,19(03):43-49.

表 2　中美英高校新闻学类本科专业设置

1	中国人民大学	新闻学与广播电视学并列,新闻学专业不分方向
2	密苏里大学新闻学院	新闻学专业只有一个,但入学后必须选定一个方向,其中包括:融合新闻报道(Convergence Journalism)、新闻摄影(Photo Journalism)、杂志新闻(Magazine Journalism)、报纸与网络新闻(Print and Digital News)、广播电视新闻(Radio Television)、战略传播或传播策略(Strategic Communication)
3	威斯敏斯特大学	新闻学、医疗新闻学、广播制作、电视制作、数字媒体与传播

从表 2 可以看出,密苏里大学在专业上划分最细,可谓培养专才的典范,而且会根据现实需要开拓新的领域(2015 年起开设的融合新闻报道方向就是一个例子)。另外,本科与硕士在方向上有明确划分:同名的方向仅有战略传播;硕士的其他方向是互动传媒(Interactive Media)、媒介管理(Media Management)和健康传播(Health Communication)。

而威斯敏斯特大学在专业设置上,则就媒介类型有划分(报纸、广播、电视、新媒体),而且这些专业与硕士的专业(如新闻硕士分为报纸杂志方向、广播电视方向、互联网方向,另有全球媒体和社交媒体专业)趋于一致。

中国人民大学新闻学专业不分方向,就课程来看,偏重纸媒,以和广播电视学进行区分。此外,近年来,中国内地又有专业硕士、学术硕士之分,其中专业硕士偏实践,但实际上两种培养模式并没有大的区别。

与专业相对应的是课程设置。以中国人民大学来说,开设的本科专业课程除"新闻实务基础""中外新闻传播史"等基础课程之外,还包括"新闻采访写作""新闻编辑""新闻评论""深度报道""新闻摄影""杂志编辑""数据新闻基础"和"融媒报道出镜主持"等(见表 3)。

表 3　中国人民大学新闻学类本科专业课程

基础课程 (32学分)	课程包必修课程① (8学分)	课程包选修课 (6学分)
包括政治学、经济学和社会学基础,以及新闻理论、中外新闻史、新闻传播伦理与法规、数字传播技术和跨媒体传播实验等	新闻采访写作、新闻编辑、新闻评论、新闻摄影	七选三: 深度报道、数据新闻可视化(含10学时课内实验+4学时课外实验)、杂志编辑、论证与辩论分析、英语采访与报道(双语)、数据新闻基础、融媒报道出镜主持(含4学时课内实验+4学时课外实验)

① Upper-Division Journalism Core,新闻专业大学高年级课程,相当于公共课。所以新闻专业的学生都要学传播法和相关的历史。

反观密苏里大学新闻学院的课程表,则针对性和实用性更强。我们以新闻报道专业(News Reporting,亦可译作新闻采写)和新闻编辑为例来进行分析。

表4 密苏里大学新闻学类本科专业课程①

专业	方向	必修核心课程 (16学分)	必修课程② (18学分)	选修课(11学分)
新闻学	融合新闻报道	新闻职业生涯探索(Career Explorations in Journalism) 美国新闻业原理(Principles of American Journalism) 跨文化新闻传播(Cross-Cultural Journalism) 何为新闻(News) 多媒体新闻基础(Fundamentals of Multimedia Journalism) 传播法(Communications Law) 新闻摄影史(History of Photojournalism) 或美国新闻史(History of American Journalism)	融合新闻报道(Convergence Reporting) 融合新闻编辑与制作(Convergence Editing and Producing) 融媒体报道、编辑与推广(Reporting, Editing and Marketing of Converged Media)	六选三: 团体协作下的移动客户端发展状况(Team-Based Mobile Device Application Development) 新闻业的新兴科技(Emerging Technologies in Journalism) 多媒体策划与设计(Multimedia Planning and Design) 参与式新闻报道(Participatory Journalism) 网络受众发展状况(Online Audience Development) 高级广播/电视新闻因特网应用(Advanced Internet Applications for Radio/TV News)
	报纸与网络新闻		新闻报道领域: 新闻编辑入门(Introduction to News Editing) 融合媒体报道(Convergence Reporting) 二选一: 网络新闻编辑(Digital News Editing) 或融媒体报道、编辑与推广(Reporting, Editing and Marketing of Converged Media)	五选一: 中级写作(Intermediate Writing) 计算机辅助报道(Computer-Assisted Reporting) 调查性报道(Investigative Reporting) 财经报道(Business and Economics Reporting) 参与式新闻报道(Participatory Journalism) 以下二选一: 高级新闻写作(Advanced News Reporting) 融媒体报道、编辑与推广(Reporting, Editing and Marketing of Converged Media)

从密苏里大学新闻学院的课程设置来看,可以说是"匠人"式教育,亦即专业技能的培养,而且非常细。不少课程是时新的,比如"融媒体报道、编辑与推广""团体协作下的移动客户端发展状况"和"新闻业的新兴科技"(见表4)。这当然是现实之需,反过来也促进了新闻教育的革新。

英国威斯敏斯特大学的新闻类本科专业分为新闻学、医疗新闻学、广播制

---

① 来源于密苏里大学新闻学院官网:http://catalog.missouri.edu/undergraduategraduate/schoolofjournalism/journalism/bj-journalism/##sample,获取时间:2018年4月。
② Upper-Division Journalism Core,新闻专业大学高年级课程,相当于公共课。所以新闻专业的学生都要学传播法和相关的历史。

作、电视制作、数字媒体与传播。除新闻学专业外,其他专业则根据媒体类型或报道领域来区分。

表 5　英国威斯敏斯特大学新闻类本科专业课程
(课程均分为分析类、实践类和理论类)

专业名称	大一	大二	大三	备注
新闻学	**实践类课程：**新闻机构的基本认知,新闻的核心技能(如研究,为纸媒体、广播和网络采写新闻和特稿),学习网络和多媒体新闻选题发现与制作技能 **分析类课程：**媒介与社会;故事、语态、画面与文本 这些课程有助于建立媒介运行的认知框架,理解媒体在社会、政治和文化中的位置	**实践类课程：**可在两类课程中选择:不同领域的专业报道;广播新闻和网络新闻 **理论类课程：**两门必修课:媒介转型;网络社会与媒体 选修两门:广告、受众研究、创意学、文化工业与媒介市场、媒介与法、推广文化(Promotional Culture)以及性、暴力与审查	**实践类课程：**必修课为专业新闻项目(Final Journalism Project,可按个人兴趣选择媒体类型);专业报道课程 **理论类课程：**以下任选一门:名流文化与媒介;媒介政策的当代议题;全球媒体;文化多元主义与媒介,完成学分,并完成学术论文	论文工作的评定靠论文和学期表现。可利用出国学习的机会(有交流合作的大学),到另一所国外大学学习半年 实习或工作经验为学位申请的必需
医疗新闻学	全英唯一的专业,一年的课程 课程包括编辑(医学);特稿写作(医学);适用于卫生专家的排版设计;适用于卫生专家的出版法和伦理,适用于卫生专家的专业写作;新闻的语境;医疗保健工作政治学等	学生为已经完成两年学业的医学专业学生;培养医疗专业与新闻专业的复合型人才		

在威斯敏斯特大学的新闻类本科专业课程中,我们看到,虽然有理论课,但课程设置更重实践,从课程的设置、对作品提交的硬性要求到对实习的强调,都是很好的证明(见表5)。其数字媒体与传播专业,三分之一的时间在实践;独特性在于使用社交媒体作为学习和教学平台,可提升学生们的合作性。据笔者了解,在该校攻读硕士的学生大多数是非英国学生,一年学习时间非常像一个过渡性的学习安排(比如博士预科)。而本科毕业生多直接工作,读研的并不多。

从中美英三所大学新闻学专业的设置来看,中国人民大学旨在培养综合性和普适性的人才,而密苏里大学和威斯敏斯特大学则在大学期间就开始强调学生的专业方向。就课程来说,三所大学有共同点,都强调新闻采写编的基本技能,而且对新媒体与新技术都很重视,因此与时俱进开设了一些课程。不过,需要指出的是,密苏里大学和威斯敏斯特大学对学生本科阶段和硕士阶段的定位比中国人民大学分得更清楚,因此在课程上界分明显。

而在国内,新闻学专业本科课程和硕士期间课程同名的情况并不少见。只不过,有的加了"研究"二字,但实际教授的内容并不见得有多大的区别。以中国人民大学为例,同名的课程有"新闻传播理论""中外新闻传播史"和"新闻编辑与评论"等。

另外,国内新闻学专业对实践课程的安排不多,对实践技能和实习经历重视不够,亦是普遍现象。

(三)师资力量

有了培养目标以及据此安排的课程,有无对应的师资(尤其是有实践经验的师资)亦非常重要。中国人民大学新闻学院新闻系教师有高钢、蔡雯、涂光晋、张征、赵劲、马少华、刘洪珍、许颖、方洁和许向东等。通过其官网提供的不完全信息可以看出①,大多数老师都有实践经验,但多在报纸及电视媒体,少有曾供职于广播媒体与新媒体的。

而在中国内地的其他高校中,从中文系或其他系转行教新闻专业课程的教师并不少见。如果教师没有实践经验,其实是很难传授给学生实战技能的。此外,教师中在中国知名媒体从事过新闻工作的人比较多,在国际知名媒体做过的则极为罕见,这对教师的教学视野或是学生的实习工作来说都有一定的影响。

美国密苏里大学新闻学院"平面媒体与新媒体"的教师团队②有几大特点:一是教授极少,多是副教授和讲师。其中,Jacqui Banaszynski 教授曾从事新闻

---

① 检索于 http://jcr.ruc.edu.cn/,获取时间:2018 年 4 月 2 日。
② 检索于 http://catalog.missouri.edu/undergraduategraduate/schoolofjournalism/journalism(04)。

工作30年,且获得过普利策新闻奖。二是教师队伍的国际化。比如吴莺曾为该校副教授,主讲设计编辑。她本科毕业于北京服装学院图形设计专业,曾在《新京报》任美编。2009年,她设计的《新京报》"北京地理"《消逝的斑斓》版面获新闻设计大赛奖项(An Award of Excellence in the Society of News Design contest)。她在波士顿Brandeis大学拿到硕士学位后留在《波士顿环球报》工作。2013年吴莺到密苏里大学新闻学院任教。从这一点上也能说明密苏里大学用人不太重学历而更重经历和能力。

此外,在该校任教的还有张咏副教授(中国人民大学新闻系学士,香港中文大学传播学硕士,美国明尼苏达大学传播学博士),主讲美国新闻史和定性研究方法。孙志刚则是高级社会研究中心主任。

就美国大学整体而言,据一项调查显示,在美国大学的新闻学院里,只有17%的教授没有当过记者。美国大学的新闻学院,5个教授中有4个坚决主张要把具有丰富实践经验的记者聘为大学新闻学院的教授。[1]

同样,威斯敏斯特大学的师资力量也体现了重实践和国际化的双重特征。2014年6月的数据显示,媒介、艺术与设计学院有90多名教师。教师队伍是国际化的,除英国人外,也有印度人、中国人(如辛欣)。任新闻实践课程的教师多有实践经验,有的在BBC从事过多年新闻工作。

此外,在该校教师中,曾在其他高校任过教的也不少,反倒是本校博士毕业的非常少。反观中国的高校,新闻学科的教师绝大多数都是本土的[2],且知名高校教师不少都存在"内部循环问题"[3],即本院毕业生留校任教。从好的方面来看,这样可以建立一个取向比较一致的学派,但另一方面,则不容易产生新观点,很难形成教学方法的多样化。

---

[1] 李希光.是新闻记者的摇篮还是传播学者的温室?——21世纪新闻学教育思考[J].新闻记者,2001(01):24-27.
[2] 唯广东汕头大学长江新闻与传播学院的教师队伍比较国际化,后文会提到。
[3] "内部循环"的观点来自密苏里大学新闻学院副教授张咏。引自肖经栋:《记者圈》一书(南京大学出版社2010年1月第1版)中对她的访谈。

三、新形势下新闻教育的应对之策

(一)理念层面的改进

在教学中,理念可以说是指南针里的磁石。若没有正确的理念,就谈不上对适宜的教学目标的设计,也很难说能培养出符合期望值的人才来。同样,对新闻学专业的人才的培养也应在理念上有所突破。

1.新闻学与传播学须界分

James W. Carey 曾撰文《新闻教育错在哪里》①,提到了以下几项原则:

新闻学和新闻教育不等同于或包含广告、传播、媒体研究、公共关系和广播。新闻学是一门独特的社会实践学科,在特定的历史时期诞生。新闻教育必须将新闻学本身作为目标。

新闻学作为独立的社会实践不能与传播或者媒体相混淆。媒体是指组织、政府机关、专业技术,等等,新闻在其中产生。传播是对信息中转方式的一种概括。

清华大学的李希光也认为②:新闻学与传播学的根本不同在于培养人的方向上。新闻学培养的人才有一种社会责任感和社会使命感,他们是通过新闻报道,引起社会公众的关注,为公众利益服务。而传播学除了讲授抽象的传播学理论外,还包括一些实用课程,如广告、公共关系、公司传播学、组织传播学等。掌握了这些理论和方法,主要是为各种利益集团、组织机构、公关公司、各类工商企业服务。

但实际情况是,中国内地不少高校在新闻学专业培养计划的设定上,基本上是集新闻与传播于一身,目标是培养媒体人士、公关专员、政府或企业宣传人员。于是,新闻专业的必修课程就有传播学、公共关系、广告学等。反倒是与新

---

① James W.Carey,李昕译.新闻教育错在哪里[J].国际新闻界,2002(03):8-11.
② 李希光.是新闻记者的摇篮还是传播学者的温室?——21世纪新闻学教育思考[J].新闻记者,2001(01):24-27.

闻实务相关的课程(如新闻采访、新闻写作、新闻编辑)显得非常少。

2.告别"万金油"专业

正是由于贪大求全,新闻学专业在培养方向上想培养全能型人才:记者、公关、秘书、公务员,什么都能干。于是,"样样懂、门门瘟"的情况在新闻学专业的毕业生身上体现得非常明显。就连基本的新闻采访和写作都还得在媒体单位重新开始学起。

出现这种情况或许也有另外一层原因。因为大学本科毕业生就业并不易,加之新闻专业学生相对于传媒行业需求来说,实际上供应过剩①。于是一些大学为了拓宽学生的就业面就选择培养全能型人才,另外也为考研打下基础。

但这样的操作实际上与本科教学的目标是背离的。就新闻学专业来说,它培养的应该是应用型的实践人才。具体来说,采写编评都应比较熟练,这样才能适应工作的需要,而研究生则重在培养传媒管理能力与研究能力。

当我们培养出有实践能力的专业新闻人才时,新闻学专业才不是"万金油"专业,也不会给你"新闻无学"的印象。与密苏里大学新闻学院不同,中国内地的高校可以因地制宜,致力于培养专业化的新闻人才(如国际新闻人才、财经报道人才、体育新闻人才和法制新闻人才),但基点是培养实践型人才。

(二)教学方面的改进

当我们明确了要培养实践人才后,需要解决的就是课程设置和师资力量问题。

在课程方面,有不少学者都曾进行过探讨。比如台湾的臧国仁就建议:大学传播教育②未来应以领域程序性知识与情境知识为核心内容,务求提供"问题导向"与"情境应变"的知识,训练学生具备分析环境、探索问题的能力。在课程方面,我们主张发展可以反映环境变迁的分析课程(如个案研讨),以及可提供

---

① 比如复旦大学李良荣教授几年前披露,2006年全国新闻专业毕业生第一次就业率为50%,其后的两年平均只有35%,2007年复旦大学新闻学本科生到新闻岗位就业的只占17%。
② 需要指出的是,臧国仁系台湾政治大学教授,其所在传播学院下设新闻系。此处所指传播,多在讨论新闻工作。

"从做中学"的传播策略讨论①。

其中,程序性知识是指新闻敏感及新闻发现等专业知识,是一种策略知识;而情境知识是指背景知识。

李希光等人则探讨了新闻学模块化课程,从结构上将其分为必修课程与选修课程,从内容上将其分为通识课程与专业课程。

这种思路其实已经应用于实践中。比如台湾大学和台湾政治大学,遵循的都是美国新闻专业重实践教学的模式。虽然台湾大学只有新闻学研究生,但官方介绍称,其参考哥伦比亚大学新闻学院的办学理念,以进阶实务训练为主。

人文通识课亦很重要,以台湾政治大学新闻系为例,校级通识课(含语言通识、一般通识和书院通识)为28-32学分,学院共同必修课(传播与社会、传播叙事、研究方法)共15学分,系级专业课程最多,占到34学分,其中包括基础采访写作、新闻媒体实验、新闻多媒体叙事以及伦理与新闻媒体等;新闻与信息课程,学生需在采访与报道领域、信息设计与媒体企划领域和社会与文化领域三个领域选修15学分。

中国人民大学的基础课程就包括了政治学、经济学和社会学基础。而北京大学的新闻学专业课程设置基本也是如此,其中大平台选修课程中不少是通识课程,它们由其他院系提供。

要培养既有知识储备又有实践能力的新闻人才,方向是对的,课程也设置了,但需要师资保证。在师资建设中,应注意偏向实践型人才(不唯学历是问,多引入媒体人士);鼓励多做实地采访及后期制作;在课程中允许并鼓励邀请媒体人士或其他教师以讲座的形式加入课程。在一些涉及实践前沿的课程(如数据可视化、融合新闻)中,可直接邀请一线人士来担任课程主讲教师。

如果说外请教师算是"增量"资源的话,现有教师则是"存量"资源,而后者也亟须盘活。重要途径为师资轮训与到新闻实践单位挂职锻炼。

(三)人力与信息流动

如同货币,无论是人力资源还是信息资源,只有流动起来才有价值。

---

① 钟蔚文,陈百龄,臧国仁.传播教育应该教些什么?[J].新闻学研究,1996(53):107-129.

就人力资源来说,包括教师和学生。教师的流动体现在:国内高校之间新闻学教师的互换计划与兼课计划,前者指 A 校与 B 校教师在一定时间内岗位互换,后者指某一门课程可由 A、B 两校的教师兼任。此外,应鼓励与扶持教师海外访学,以求了解国外教学研究的最新动态,并创新教学方法;同样,有条件的学校应有意识地引入国外新闻学教师长期或短期担任新闻学本科学生的教学。

对学生来说,在目前教育资源不均等的情况下,可以尝试探讨一种新模式:同一门课程,高校之间互认学分,如果学生到异地或海外修学、实习,同样算学分。在国内,做得比较好的广东汕头大学长江新闻与传播学院,其实习地点包括美国以及中国的香港、台湾等地。在实践方面,亦有不少创举,比如组织 2008 美国总统大选学生报道团、日本"3·11"地震两周年回顾报道团和马来西亚净选盟报道团等。仅 2017 年度,该院学生的报道实践活动地点就包括美国硅谷、日本、尼泊尔以及国内的郑州等地。

学生的跨国流动在全球化的背景下,意义更为重要。因为它是实现学生国际化的重要途径,也是培养未来国际化记者的重要手段。

目前,国内高校虽然对学生实践与实习非常重视,但在操作中,存在不少实践和实习与专业不符和弄虚作假的现象。如何将实践与实习做实,也是人力资源流动能见成效之关键所在。

就信息流动来说,如何让世界前沿的科研与教学信息实现落地,是一个永恒的课题。就英国威斯敏特大学来说,他们采用了每周一次交流会的方式,邀请学界和业界人士到校探讨新闻、传播等话题,就是一种很好的创意。

基于流程化设计的播音主持教学方法探索
The Exploration of the teaching methods in broadcasting and hosting based on flow design proposed

❖ 何卓伦*

He Zhuolun

摘要：播音与主持艺术专业从诞生走到今天，其培养目标逐渐转向侧重于对高级语言人才的培养，教学的目标是培养学生的语言能力和语言所包含的综合能力，使学生善于进行语言传播。教学方法的核心是引导学生主动地建构起语言功力，而播音主持教学成果的检验必须借助于某种具体的呈现形式。本文提出的基于流程化设计的播音主持教学方法探索就是将内容生产流程与教学环节相结合，在流程中培养能力，在流程中完成作品，在作品中体现能力。

Abstract：With the development of the major of broadcasting and hosting arts since its birth, its training objectives have focused more on the cultivation of high-level language talents. The goal of teaching is to develop students' language skills and the comprehensive abilities in language, so that students can be good at language communication. The core of teaching methods is to guide students to take the initiative to construct their language skills. To test the results of broadcasting and hosting teaching, we must rely on a specific form of presentation. The exploration of the teaching methods in broadcasting and hosting based on flow design proposed in this paper is to combine the content production process with the teaching links, develop

---

* 何卓伦，武汉传媒学院播音主持艺术学院教师。

the ability in the process, complete works in the process, and demonstrate the ability in works.

关键词：播音主持　教学方法　流程化

Keywords：broadcasting and hosting, teaching methods, proposed

目前,播音与主持艺术专业的开办面临普遍性和紧迫性两方面的问题。就普遍性而言,在全国范围内播音与主持艺术专业遍地开花,从一流综合类院校到民办院校再到职业院校,有超过300所院校开办了该专业。同时,该专业在经历了井喷式发展之后,尽管近几年招生人数趋于稳定,但依然数量庞大,不少院校每年该专业招生人数在200人以上。可以说,播音与主持艺术专业已经不再是早年的精英式教育,而是朝着普遍性和普适性方向转变了。就紧迫性而言,伴随着专业开办呈普遍性这一趋势,各个开办这一专业的院校也面临着前所未有的挑战。一方面,招生人数的增加与对口岗位数量有限的矛盾,使高校必须重新审视这一专业的人才培养目标,如果还将"能在广播电台、电视台等媒体从事播音员、主持人等岗位工作"作为培养目标,则必然只有少数一部分学生能够实现这一愿望。另一方面,学生基数的增大和专业教师数量有限的矛盾,导致传统"师傅带徒弟"的小课教学模式难以实现,不少院校还出现了一名教师对二十人以上集体授课的情况。因此,对培养目标和授课方式的重新审视与改革已经是影响专业发展不可忽视的紧迫议题。

一、对播音主持教学本质的探讨

(一)培养目标定位在语言能力

数十年来,伴随着播音与主持艺术专业的普及,众多院校对这一专业的人才培养目标基本上沿用"能在广播电台、电视台及其他单位从事广播电视播音与节目主持工作的复合型应用语言学高级专门人才"这一思路,或是围绕着"广播"和"电视"来进行设定。

但如今，媒介与媒介之间的区分不断被弱化，伴随着互联网的强势崛起，"互联互通"已经基本上在传播者与受众、受众与受众间实现，传统媒体虽然还具有相当的权威性和公信力，但是在议程设置上，也更多地向互联网"靠拢"；同时，在广播与电视媒体中，主持人的岗位构成也发生了变化，诸如在《极限挑战》《欢乐喜剧人》等综艺节目中，越来越多地使用了更具人气的艺人来担任主持人。可以说，传统媒体的衰落与播音员主持人岗位需求的萎缩，是影响传统播音与主持艺术专业教育的根源。

现代社会不再那么需要播音员和主持人了吗？答案是否定的，甚至恰恰相反。播音与主持艺术专业是培养有声语言和副语言表达艺术的专业，相较于非专业人才，"播音与主持艺术专业学生的优势应该是在有声语言领域更'善于传播'"。[①] 因此，对于口语传播有需求的岗位都可以看作是播音主持培养的目标岗位。

播音与主持艺术专业的核心在于语言能力，同时也是思维能力。"语言是一种功力。语言功力包括观察力、理解力、思辨力、感受力、表现力、调控力、鉴赏力。"[②]所以，播音主持的教学目标不仅是"声音形象俱佳"，而是要培养学生会观察、能思考、有想法、善表达的深层次能力，这些能力最终要体现在"声"和"形"两方面，也就是说，在有声语言和副语言表达的背后是对学生的创作能力和传播能力的培养。

（二）教学的要求在于建构能力

近些年，许多高校围绕培养目标的变化对专业教学进行了调整。首先，播音与主持艺术专业是文学性较强的专业，文学则与中国传统文化紧密相连，播音与主持艺术专业的学生离不开与文字打交道，在教学中必须将学生对于文字的理解、表达、创作能力作为基础，以此来加强其个人内在修养。离开了文学修养，有声语言和副语言的表达都会是"无本之木"。其次，在专业基础课的设置上，除了普通话语音、播音发声、播音创作基础等课程外，结合媒介生产方式的

---

① 张政法.新生态下播音主持教育的适应与调整[J].现代传播，2016,38(12):145-147.
② 王欢.互联网时代播音主持教育的创新[J].新闻爱好者，2017(10):72-74.

发展和传媒人才需求的导向,专业基础课还应包括新闻采编、节目策划与制作、传播学概论等课程。再次,专业课的设置基本上与应用方式相结合,强调语言应用的不同样态,主要课程包括文艺作品演播、影视人物配音、演讲与辩论、沟通交流技巧等内容。最后,教学课程设置也呈现出"去介质化"的趋势,部分院校摒弃了传统以广播播音主持和电视播音主持来设置课程的方式,更注重对学生语言应用能力的培养。

我们从教学内容的变化可以看出教学要求的变化,虽然播音主持是"向应用看齐"的专业,但应用的前提是对岗位的确定,而目前"播音员"和"主持人"等特定岗位的数量在萎缩,对语言能力有要求的新生岗位不断涌现,因此教学更应该专注于对学生语言能力的培养。

如果说基于模仿的播音主持技能培养是一种"知识灌输",那么,对播音与主持艺术专业所要求的语言思维内涵培养则更适合采用"知识建构式"的教学方法。技能可以通过传递来习得,但思维能力则是要靠学生在学习中自己建构起来的,只有建构了思维能力才能真正获得语言能力。

"知识建构式"教学要调动学生的积极性和主动性,通过启发、探讨、参与等方法引导学生主动获取。就播音与主持艺术专业的教学而言,如果将重点放在对稿件的理解和处理上,教学就受到了局限,并且容易使学生停留在"见字出声"的层面。我们应该以一套完整的思维认知体系来引导学生充分了解社会发展,进行语言表达的锤炼。

(三) 教学的成果在于展现

播音与主持艺术专业与音乐、美术、舞蹈等其他艺术类专业不同,它不是一门可以独立存在的学科,它是传播过程中的一种具体传播行为,是以声音和形象作为传播符号的一种表现手段,是音视频节目中的一部分,是与记者、编辑并列的一种岗位。播音主持作品的呈现与具体节目的需要和设置密切相关,从口语传播的角度而言,播音主持的能力体现也与具体的语言应用场景紧密相连。

播音与主持艺术专业的教学成果体现在三个方面:第一,语言的规范性。播音主持对语言的规范性要求体现在语音、语法、语用的层面,也就是将普通话作为汉民族共同语表达的规范性。第二,表达的技术性。播音主持的技术性一方面体现在用气发声层面,即准确、清晰、圆润、集中、自如,另一方面体现在对语言的生成有一定的创作要求,即语言背后所体现的观察、理解、思辨、感受、表现等能力。第三,传播的艺术性。播音主持是一门艺术专业,也是一项传播活动,它要求语言在表情达意的传播过程中体现艺术感染力。

当前,对于播音主持这一类应用性极强的专业,不少高校都在积极地推动考核方式由试卷考试向能力考查转变。而播音与主持艺术专业所培养的能力很难单独地呈现出来,必须借助一定的作品形式,并且从规范性、技术性和艺术性三方面体现教学的成果。例如,"演说与辩论"课程的教学成果就可以通过辩论赛和演讲比赛的形式呈现;"综艺节目主持"课程的教学成果则可以是以班级为单位举办一场综艺演出……无论是哪一种成果展现形式,都不仅仅是对播音主持能力单方面的应用,还涉及写作、编辑、沟通、组织、协调、舞台艺术、影视艺术等多项能力的复合展现。

二、教学环节流程化设计的必要性

(一)流程化是教学本身的需要

"环节"既是许多相互关联事物的先后区分,又在生物学中表示生物身体结构中相互连接、可伸缩的部分,引申出"环节"指代相互关联的事物中的一部分,这其中就包含了方法论和因果效应。因此,对"教学环节"的理解可以看作是"教学活动中链锁式结构的诸组成部分。各组成部分之间前后衔接"。[①]

教学环节设计的目的就在于实现教学目标,并且要更有科学性、逻辑性、计划性、操作性地来安排教学步骤,还要为学生的理解、接受、启发、思考服务。因此,教学环节本身就是一定的流程,这种流程是在实现教学目标的前提下去更好地安排课堂环节,是在符合人类认知和实践规律的前提下去设计先做什么、再做什么、随后做什么的一种方法。可以说,流程化设计更着眼于教学过程,强

---

① 顾明远,等.教育大辞典[Z].上海:上海教育出版社,1990:211.

调在教学互动中学习主体的创造性和非预设的收获,它不同于以往将教学单纯地看作是课程计划的实施。

(二)流程化不是千人一面

有一种误区在于将流程化简单地看作生产流水线,将学校看作是"工厂",将教师看作是工厂的"装配工",将学生看作是生产流水线上一堆没有生命、等待被加工并且任人摆布的"原材料",把教学活动看作是老师根据事先已经设计好的"图纸"来开展加工流程,认为经过流程化之后得到的都是整齐划一的"产品"。这种误区的产生在于错误地把流程化认定为固定化的操作环节,忽视了教学主体的创造性。而事实上,流程化的教学设计是基于人类认知和实践活动的骨架结构,为"血肉皮毛"和"精神内涵"的生长提供了大量空间。也就是说,流程化设计中对流程内容的选择也要有轻重主次的考虑。

(三)流程化便于完成内容生产

对于播音主持这类强调实践应用性的专业学科而言,检验教学效果最直观的方法就是通过作品呈现,而它又是影视作品和舞台节目中的一个环节,因此必须融入某种具体的呈现方式中。

无论是影视作品还是舞台节目的呈现,都需要经过具体的创作过程,由于"术业有专攻",如果直接将整个创作过程交给播音与主持艺术专业的学生去完成,对其来说具有一定的难度,且创作效果大多不理想。如果将创作过程以流程化的方式分解在课堂教学中,教师则可以有效地对整体创作过程加以指导。

对播音主持教学流程化的探索可以结合具体的创作过程,将内容生产作为目标任务,串联起创意、策划、演播、编辑、鉴赏等各个环节,形成一个完整的内容生产流程。在这一流程的运行过程中,可以体现播音员、主持人主动参与节目生产的行业要求,重点培养语言和思维在不同环节中所要求的能力。

(四)流程化有助于学生理解课堂

在播音主持的课堂中,结合内容生产的流程化教学设计,就是将节目生产的流程化与课堂教学体系相结合来形成教学结构,以项目为教学单元,以完成具体内容的呈现为教学目的。应充分调动学生学习的主动性和探究性,整合策划、制作、演播等多项能力,将课堂教学打造成有具体学习成果的高效课堂。

就"谈话节目主持"这门课程来说,谈话交流的成品是一次节目或者组织一次有效的谈话,所以必须培养学生掌握组织谈话和形成节目背后的一套流程。对于具体节目类型的教学基本上可以按照形成认识、开展策划、组织实施及调整、演播的节目生产流程来进行。在形成认识阶段,通过观摩分析某一类型的节目来对相应的策划方法、主持交流技巧进行分析讲授;在开展策划阶段,要求学生结合现有环境来完成选题、明确目的、安排环节等策划内容;在组织实施及调整阶段,指导各小组在预演中发现问题并调整节目实施和主持方案;在最后的演播阶段,由教师辅助各小组成员完成舞台呈现或影视作品等。

每一个流程都有具体明确的目标,学生可以更好地理解课程的进展,同时,教师依照节目生产的环节流程来设计课堂,又能使课时之间相互关联,形成系统完整的课程体系。

三、教学环节流程化设计的方法探索

(一)将内容产出融入教学目标

播音主持教学的重点在于能力培养,能力的体现需要借助具体的形式,也就是完成某一具体内容,通过内容的呈现来检验教学目标的达成。因此,设置可体现能力培养的教学目标是起点,教学的过程就是为了达成这一目标。

结合播音与主持艺术专业的特点来设定具体的目标内容是关键,它具有以下特点。第一,具体的展示性。播音主持能力需要融入具体的影视作品中或体现在舞台呈现上。第二,突出的应用性。视听展示的内容不能脱离应用,内容产出目标应更多地与媒介产品相结合。第三,能力的复合性。语言的功力不仅是开口说话,语言所包含的观察、理解、思辨、感受、表现等能力都可以在内容生产的过程中得以体现,行业对播音主持人才的一专多能的要求也应当在产出内容的过程中得到锻炼。第四,较强的操作性。应结合教学内容和学生能力,设定适合学生在学习过程中完成的内容目标,使学生在操作过程中得到锻炼。

(二)以"项目制"规划实践实训

在现有的播音主持教学中已经包含了大量训练,但也存在一些训练内容"不实用"和"不应用"的问题。例如在新闻播音的教学中,学生需要对不同类型的新闻稿件进行演播训练,尽管这些训练能有效地针对新闻播音中所要求的能力,但学生也会在训练的应用性上"不明就里",同时,这种"尝试性""碎片式"的实践练习也容易造成课堂的"随意性"。

播音与主持艺术专业是一门应用性极强的专业,其教学内容和教学成果是通过学生的播音主持技能实践体现出来的,大多是以专业基础理论为指导,通过音视频和舞台展现等方式呈现。在实践过程中,学生必须运用本专业知识和相关领域内容来处理所面临的各种问题,其实践成果的表现直接体现了适用范围、适用层次及适用价值,通过实践项目去培养和检验学生的应用能力。

项目制的引入就是要让实践实训内容更接近应用,让教学环境真实化,使课堂实践的成果更有用处。教学过程是一个人人参与的创造性实践过程,而不是简单地在教室或实验室中进行演示。例如在即兴口语表达的课程中,对即兴讲解的教学就可以与博物馆相结合,以"我是讲解员"作为具体项目,通过走上博物馆志愿讲解员的岗位来实现教学目的。

(三)以流程化设计教学环节

项目的完成可以体现能力的培养,项目的实施需要具体的流程,即操作程序,整体上可以分为精选教学项目、制订计划、实施计划、评估考核四个流程。就文艺作品演播这门课程而言,教学的目的是让学生掌握不同文艺作品的演播表达技能,教师在精选项目时就要注重选择能体现该课程所要求的能力,并且适合学生主动地来探索完成的作品。例如将"朗诵会或朗诵大赛"作为该课程的目标项目,学生便是这一活动中的演职人员。第一步,教师结合该课程的教学要求和朗诵会的筹办过程来制订教学计划,大致可分为不同文艺作品演播方法、演播技巧、舞台表演方式等不同环节。第二步,各小组根据教学环节进行基本理论方法学习、作品选择、排练打磨、舞台表现设计、演出展现。第三步,通过评估考核来检验教学成果,可通过学生自评、教师评审、观众投票等多种方式来评价学生的学习情况。

在项目实施过程中,教师扮演着组织者和实施者的双重角色,既要对课程内容融会贯通,又要准确高效地指导学生,同时还要激发学生的兴趣,增强学生参与项目的积极性和主动性。学生是项目运行的主体,他们不是被指挥者,而是项目的创造者,教师要让学生理解课程与项目所要求的能力,使他们体验到面对困难的艰辛和目标达成的喜悦,培养团队协作、主动学习、分析解决问题的能力。在实施项目教学方案时要有相应的条件保障,项目制和流程化都是一种开放的教学手段,实施过程不一定局限在课堂,可以根据具体情况将小组教学、课堂演示、课下实践、观摩学习、指导排练等多种方式相结合,同时也要鼓励课程考核方式创新,这些教学条件的保障都会影响教学创新力度和教学效果,教学单位对播音与主持艺术专业的培养理念、政策开放程度、投入成本和配套设施等也是影响项目制流程化实施的关键所在。

四、结语

对播音主持教学进行流程化设计,目的是将能力融入具体的作品中来呈现,将能力培养通过内容生产的流程来实现。流程化的设计必须与教学的目标、方法和成果关联起来,不能单一地做教学,也不能单一地做成果。流程化教学设计的实施离不开当下媒介内容生产的要求,也离不开应用岗位对播音主持人才能力的要求。播音与主持艺术专业作为培养高级语言人才的摇篮,走到今天它所面临的挑战更加明显,一方面是对教学思路的革新,另一方面也是对教师队伍要求的提高。

参考文献:

[1] 张政法.新生态下播音主持教育的适应与调整[J].现代传播,2016,38(12):145-147.

[2] 李俊堂.从教学环节看生成性教学的实现[J].教育学术月刊,2017(12):100-108.

[3] 王欢.互联网时代播音主持教育的创新[J].新闻爱好者,2017(10):72-74.

[4] 姚利民,段文彧.高校教学方法改革探讨[J].中国大学教学,2013(8):60-64.

[5] 孙亚茹.播音主持艺术专业教学方法改革策略[J].中国广播电视学刊,2017(10):94-95+109.

[6] 吴郁,曾志华.播音与主持艺术专业人才培养模式研究[M].北京:中国传媒大学出版社,2009.

[7] 邱蔚.项目教学法在播音主持教学中的探讨和研究[J].浙江传媒学院学报,2007(2):40-41.

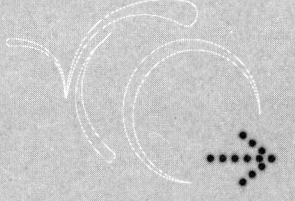

传媒教改实践

慕课环境下新闻传播类传统课堂教学的改革探讨*

Discussion on the Reform of Traditional Classroom Teaching of News Communication in the Era of MOOC

◆ 牛　静　任怡林**

Niu Jing, Ren Yilin

摘要：互联网技术与大学教育相结合而出现的大型在线开放课程平台——MOOC(慕课)受到诸多关注。慕课平台与全球多所著名大学合作,为学习者提供优质的、丰富的网络公开课。作为一种新型的教学模式,慕课凭借其自身的优势给传统教学带来了多重挑战。本文通过对121位本科生的开放式问卷调查发现,慕课平台丰富的教学资源、赋予学生较强的自主选择性等特点深受学生喜爱。相较于慕课平台,传统课堂教学存在着学习时间和地点固定、课堂内容不易保存等不足。在这种情况下,新闻传播学传统教学应当赋予学生更多自主选择的机会,学校应积极利用新技术对传统课堂进行适当的补充,重视实践课程的教学工作,提高学生的实践能力。教师应努力提高教学水平,保证教学质量,在教学的过程中增强传统课堂师生之间的人际互动。

Abstract: Many people pay attention to the large-scale online open course platforms (MOOC) with the combination of Internet technology and university education. The MOOC platform cooperates with many famous universities around the world

---

* 基金项目：湖北省教学研究项目《基于MOOC的SPOC数据库课程教学新模式研究与实践》。

** 牛静,华中科技大学新闻与信息传播学院副教授,武汉大学媒体发展研究中心研究员；任怡林,华中科技大学新闻与信息传播学院硕士研究生。

and he the platform provides high-quality and rich online open classes for learners. As a new type of teaching mode with its own advantages, MOOC has brought multiple challenges to traditional teaching. Through the open questionnaire survey of 121 undergraduates, this paper finds that the rich teaching resources of the platform and the strong autonomy of students are deeply loved by students. Compared with the platform of the MOOC, traditional classroom teaching has the disadvantages of teaching time and place and difficult to attain teaching content for students. Traditional teaching of journalism and communication should give students more opportunities to choose courses independently. Teachers should actively use new technologies in traditional classrooms, and pay more attention to practical courses, in order to improve students' practical ability. Teachers should strive to improve the level of teaching and quality, and enhance the interpersonal interaction between teachers and students in the traditional classroom.

关键词：新闻传播教育　传统课堂　慕课　改革

Keywords：journalism and communication education, traditional classroom, MOOC, reform

慕课,作为互联网时代的一种新兴教育模式,自 2013 年以来,凭借其丰富的教学资源、优质的教学质量和开放的学习平台在国内外迅速发展。慕课的出现满足了一部分学习者对高等教育的需求,在一定程度上也平衡了地区之间教育资源的差异。但是,慕课也对传统教学模式提出了巨大的挑战,传统教学模式的改革迫在眉睫。

为了解学生对慕课课堂和传统课堂的态度,笔者向华中科技大学新闻与信息传播学院的 121 位在校本科生发放了题为"慕课环境下新闻传播类课程的课堂教学改革之调查"的开放式问卷,从授课平台、课堂互动、授课内容、授课教师、学习效果等几个方面了解学生对新闻传播课程传统课堂和慕课课堂的态度,从中发现慕课课堂的优势以及传统课堂的不足,为新闻传播学传统课堂的改革提出实质性的建议。

一、慕课的概述

MOOC(Massive Open Online Courses)这一概念最早在2008年由戴夫·科米尔(Dave Cormier)和布莱恩·亚历山大(Bryan Alexander)提出,主要是指大规模的开放式在线课堂。虽然,MOOC这一概念早在2008年就被提出,但当时并没有引起人们的关注,发展也相对缓慢。直到2012年,斯坦福大学计算机系教授吴恩达(Andrew Ng)和达芙妮·科勒(Daphne Kolle)共同创办了Coursera;斯坦福大学计算机系教授塞巴斯蒂安·特隆(Sebastian Thrun)、弗吉尼亚大学教授戴维·史蒂文森(David Stavens)创办了Udacity,免费开放科技工程和数学领域(STEM)的课程;麻省理工学院和哈佛大学共同注资成立了非营利性的Edx,MOOC才引起人们广泛的关注。这一年,被誉为"MOOC元年"。[①] 2013年,北京大学、复旦大学、清华大学等国内名校也先后加入了慕课的行列。2013年10月,我国国内的慕课平台"学堂在线"正式上线。2014年5月,中国大学(MOOC)平台上线,慕课在我国迅速发展起来。2014年8月,浙江大学传媒与国际文化学院在中国大学(MOOC)平台推出的"新媒体概论"课程是我国最早的新闻传播学慕课。[②] 随后,我国一部分高校相继在慕课平台推出新闻传播学课程,比如:中山大学在中国大学(MOOC)平台推出了该校张志安老师讲授的"新媒体素养",华中科技大学在中国大学(MOOC)平台推出了李卫东老师讲授的"网络与新媒体应用模式",清华大学在学堂在线平台推出了崔保国老师讲授的"传播学原理"等。"慕课"与新时代移动学习的需要相契合,优势明显:一是出生即自带互联网优质基因;二是以大数据为平台、理念和方法;三是打破了知识传播的时空制约,具有开放性、参与性、大规模的便利性。"慕课"以其"印刷术发明以来教育最大的革新"为特点,逐渐走进高等教育体系,推动着高等教育教学方法的改革。[③]

[①] 王左利.MOOC:一场教育的风暴要来了吗?[J].中国教育网络,2013(04):10-14.
[②] 樊林君.慕课给新闻传播教学带来的机遇与冲击[J].青年记者,2015(05):84-85.
[③] 黄建华."慕课"教学模式对思政理论课教学的应用价值和启示[J].电脑迷,2018(5):187-188.

慕课平台的课程均是由名校名师授课,课程内容以视频的方式呈现,面向所有人开放,学习者不会受到身份的限制,每位学习者注册账号、实名认证后,在有网络的情况下通过电脑、移动终端即可观看教学视频。

慕课平台的每一门课分为 10 讲左右,每一讲都有明确的教学目标,每一讲又分为 3—5 个约 15 分钟时长的视频,每个视频都是一个重点内容的呈现,这种视频有助于学生在学习的过程中快速捕捉到重点。每一讲结束后,教师会留下随堂作业或单元小测来检验学生的学习效果。慕课平台还为学生提供了讨论交流的空间。比如,中国大学(MOOC)为学生提供了"讨论区",该讨论区分为三个板块:老师答疑区、课堂交流区、综合讨论区域,这样的设置方便了同学与老师、同学与同学之间的相互交流。每门课学习结束后,学生需要在慕课平台上进行期末考试,考试通过后可以申请课程的认证证书。

慕课的教学模式吸引了众多学生,面对慕课用户的快速增长,传统课堂需要考虑自己的教学模式是否存在不足,应该如何改革以确保自己不被慕课代替。为此,本文主要研究以下几个问题:(1)新闻传播学慕课课堂有什么优势?(2)新闻传播学传统课堂有什么优势是慕课课堂无法替代的?(3)新闻传播学传统课堂有什么不足?(4)在慕课环境下,新闻传播学的传统课堂应该如何改革以更好地促进学生获取相关知识?

二、研究方法:开放式问卷调查法

基于上述几个研究问题,本研究采取了开放式问卷调查法,主要向华中科技大学新闻与信息传播学院的 121 位在校本科生发放了题为"慕课环境下新闻传播类课程的课堂教学改革之调查"的问卷,从授课平台、课堂互动、授课内容、授课教师、学习效果等几个方面了解学生对新闻传播课程传统课堂和慕课课堂的态度。在开放式问卷中共有以下几个问题:(1)在新闻传播类课程的学习过程中,你觉得慕课课堂(或类似的网络课堂)与传统课堂相比,哪一种课堂的学习效果比较好,为什么?(2)你认为,在新闻传播学这一大类下,哪些课程必须要由传统课堂(而非网络课堂)来开设?并讲一下原因。(3)相比慕课课堂(或者网络上其他类型的在线课堂或演讲),你认为新闻传播类的传统课堂存在着什么不足?(4)在慕课或其他网络知识平台的冲击下,你认为新闻传播的传统课堂教育应该怎样改革,以确保自己不被慕课替代?(5)你在慕课课堂学习的过程中是否会与老师互动?影响你和老师互动的原因有哪些?

笔者按照问卷收上来的顺序,对这121份开放式问卷进行了编号。在121位受访者中,播音与主持艺术专业的本科生有15位,广告学专业的本科生有26位,新闻学专业的本科生有42位,传播学专业的本科生有17位,广播电视学专业的本科生有19位,2位学生专业未知。

三、研究发现:新闻传播学科慕课与传统课堂之优势与不足

(一)新闻传播学科慕课课堂的优势

1.慕课平台赋予学生自主选择的权利

通过对问卷中问题的回答,本研究发现,相比传统课堂,慕课课堂赋予学生更多自主选择的权利。学生可以根据自己的需要,调整自己的学习内容、时间、地点、进度等,这也是众多学习者喜欢在慕课平台学习的重要原因之一。对于已经工作的学习者来说,不受时间和地点限制的课程无疑是他们提升自己的重要途径。

慕课方便、快捷,可以随时随地获取知识,在天气恶劣时尤为方便,足不出户便可学习。(2018087)

慕课的内容可以二倍速、快进、回放、重复放。(2018023)

上课时间自由,课程进程自由,节约时间。(2018095)

我认为网络课堂比较好,因为可以暂停/回看(录像类的课堂)或者更方便在听课过程中进行相关资料的搜索。(2018091)

此外,慕课平台为学习者提供的教学视频带有倍速播放、回放等功能,学生在学习的过程中遇到难点、重点可以反复观看,学习者还可以根据自己对课程

的理解程度调整学习进度,制定最适合自己的学习方案,从而增强学习效果。

2.慕课平台为学生提供了丰富的教育资源

慕课平台为学生提供了丰富的教育资源。诸多机构开展线上网络课程,其目的之一是缓解全球教育资源分配不均的现象,力求将世界上最优质的教育资源传送到地球上最偏远的角落。所以,慕课的教育资源具有典型的国际化特征。在问卷中,部分学生也提到了这一点。

突破了时间、空间的限制,实现了教育资源的共享,使学生可以开阔视野,获得丰富的教学材料,获得更多优秀教师的指导,学生拥有学习的自主性。(2018021)

(慕课平台)给学生提供了更多的选择,同学们可以根据自己的兴趣方向挑选课堂。(2018063)

种类多,内容丰富,自主性强,可选择。(2018012)

慕课平台使我国高校的学生不仅可以拥有国内优秀的教学资源,还可以共享国际教育,了解国外的教育方式。① 根据本研究所进行的观察可以发现:慕课平台与清华大学、北京大学、复旦大学、斯坦福大学等多所国内外名校合作,使不同大学的学生都能享受到名校名师带来的优质课堂。目前,慕课平台拥有计算机、经济管理、心理学、工学、社会学等多种课程丰富的教学资源。学生可以根据自己的需要和兴趣进行选择性的学习,以提高自身的知识水平。

(二)新闻传播学科传统课堂的优势

1.传统课堂的师生互动性较强

虽然慕课具有诸多优势,但传统课堂的一些特点也是慕课无法取代的,在问卷中,一些学生提到传统课堂的如下特点具有一定的代表性。

我认为传统课堂的效果比较好,因为和老师面对面互动交流以及及时答疑

---

① 陈正权.浅谈慕课教育模式对我国高等教育改革的启示[J].陕西教育(高教),2018(3):51,59.

解惑会更助于我的学习。慕课作为一种网络授课方式互动性不是很强,而且容易使人分心。(2018072)

我认为传统课堂的学习效果比较好。相比于慕课课堂,传统课堂的互动性比较强,师生之间的互动有利于让学生更好地思考问题,开放思维,也更具有注意力。(2018063)

传统课堂学习效果好,因为传统课堂可以跟老师面对面,是一种人际传播,它的效果明显好于面对电脑屏幕学习。(2018095)

在传统课堂上,老师和学生同处在一个空间里,学生可以随时向老师请教问题,或者对老师的教学工作提出建议。老师可以根据学生提出的问题了解学生对知识的掌握程度和学生的兴趣,以调整课堂内容的进度。例如:删除一部分学生熟知的内容以节约时间,增加一部分学生希望获得的知识,在一些难理解的知识点上增加课时等。

2.传统课堂的学习氛围较好

当各位同学处于同一时间、同一空间进行学习时,这种氛围是慕课所无法比拟的。问卷中也有学生对传统课堂的以下特点进行了强调。

课堂讨论氛围好,在课堂中老师经常会抛出话题,课堂内学生积极参与讨论,很多同学的发言都能给我们带来新思路。(2018001)

交流讨论,意想不到的智慧火花。(2018068)

可以和老师近距离学习,有什么问题可以私下问老师。和大家一起学习会增加学习氛围,而且相互的讨论可以增加理解。(2018025)

气氛活跃,和老师、同学面对面的交流,比线上交流的体验感好。(2018023)

在传统课堂上,学生之间有更好的交流机会。老师往往会利用小组作业、课堂提问等方式来促进学生之间的交流和相互了解,活跃课堂气氛,以开拓学生思维。学生们可以在小组讨论的过程中发现自己未知的领域,同学之间也可以取长补短、互相学习。学生们还可以通过完成小组作业,培养自己的团队协作能力,集思广益。

3.传统课堂对学生具有约束力,可以提升学习效果

对于自律性较弱的同学,传统课堂具有一定的强制性,从而有效地约束了学生的行为。

可以在一定程度上确保学习效果,督促学生学习。(2018081)

面对面交流,老师言传身教,这样的传播方式效率最高,在单位时间内能接收到更多的信息,且老师的课堂教学同时起着一个监督学习的作用。(2018066)

在传统课堂中,老师利用签到、上交作业、小组作业计分、课堂随机提问等强制性的考评机制督促学生按时上课,认真学习。一些老师在课堂上会关注学生的注意力是否集中,强制学生不能玩手机。与之相比,慕课课堂完全自由的学习环境会影响一部分自觉性较弱的学生的学习效果。

(三)新闻传播学科传统课堂的不足

1.传统课堂的合班课学习效果较差

我国高校的一些学科较多采用大班上课的方式,但这种大班上课有时效果并不好。问卷编号为2018096的同学指出:"(传统课堂)课堂大,进度快,学习节奏不由学生掌握。"编号为2018098的同学提出:"(传统课堂)有时秩序不好,许多人讲话。"本科学生的传统课堂往往会出现2-4个班级合在一起上课的情况。受人数较多的影响,老师无法顾及每位学生的理解能力和对进度的要求,会影响一部分同学的学习效果。此外,传统课堂有多种不可控因素,这也会影响学生的学习效果,比如教室太大,老师声音太小,后排同学听不清楚老师讲话,看不清楚课件内容,课堂人数较多,课堂秩序难以维持等。

2.传统课堂课程内容不易保存

不同学生的理解能力不同,对于一些较难理解的课程,学生需要反复学习才能取得良好的学习效果,但传统课堂的内容只能靠记笔记、使用课件等方式进行记忆性的回顾,无法达到慕课课堂教学视频可回放的复习效果。

(传统课堂)不能随时回顾,有些知识错过了便无法弥补。(2018098)

单次性知识传授不便复习,难以及时回复课后问题。(2018023)

讲过就消失,即使有课件也无法代替老师的具体讲述。(2018068)

学习时专注力不稳定,有时状态不好,错过的内容难以补救。(2018088)

此外,在传统课堂中,学生因请假、上课走神等因素影响而错失的课程也难以补上。

3.传统课堂上课形式的固定性

传统课堂的学习时间、地点、内容、进度相对固定,学生不可根据自身情况进行选择。问卷编号为2018096的同学说:"课堂大,进度快,学习节奏不由学生掌握,无法随时随地听课,难以自主学习。"也有同学表示:"(传统课堂)时间固定,可能我前一天被迫熬夜,第二天很想听课却因为疲惫犯困,没有办法(认真听课)。"(2018042)"(传统课堂)授课种类不全,学生可选择性不强。"(2018022)大多数高校传统课堂开设的课程多是新闻传播专业所需要掌握的必修课程,学生无法根据自己的学习情况进行筛选。在传统课堂想要学习学科专业课程以外的知识比较困难。这也是传统课堂的一大不足之处。近年来,受到慕课课堂的影响,传统课堂的这一不足越发明显。

四、新闻传播学科传统课堂的改革策略

面对传统课堂自身的不足以及慕课课堂优势带来的冲击,新闻传播学科传统课堂的改革迫在眉睫。通过对100多位学生对传统课堂和慕课课堂态度的调查,笔者认为,新闻传播学科传统课堂应针对自身的不足,进行有针对性的改革,继续发挥自身的优势,对慕课课堂进行借鉴和学习。为此,笔者结合自身多年从事新闻传播学科课堂教学工作的经验、教学过程中的观察以及对学生的调查,对新闻传播学科传统课堂的改革提出以下几点建议。

(一) 传统课堂应赋予学习者更多自主选择的机会

传统课堂应该向慕课课堂学习,给予学生更多自主选择的机会,使学生能够自己选择学习时间、地点、内容。为此,学校可以减少必修课的数量,将一些必修课改为选修课,让学生根据自身需求,选择对自己有用的课程或自己愿意学习的课程,避免重复学习。在本次调查中,也有学生表达了相同的看法。

慕课上同学有选择课堂的权利,同学可以选择自己感兴趣的课堂,所以我认为传统课堂应该与时俱进,将理论与现实相结合,这样能够增加同学的参与度。(2018049)

实时更新内容,不落后于时代,尽量让学生选课,不僵化固定。(2018073)

但是,必须注意的是,必修课改为选修课是为了给予学生自主选择课程的机会,是为了让学生学到对自身更有价值的知识,并不是为学生减轻课业。所以,必修课改为选修课之后,必须要保证学生学习的数量和质量不能下降。为此,学校和老师应采取一些强制性的手段,保证学生的学习数量和质量。比如:某校新闻信息传播学院每学期为新闻本科学生提供 20 门选修课,要求学生必须从 20 门课程中选出 10 门课程,否则将无法修满学分顺利毕业。老师也应按照必修课的教学目标来要求学生,如布置作业、考试等。这种将传统课堂的强制性与慕课课堂的自主选择性相结合的方法,一方面可以保证学习效果,另一方面也可以使学生学习到最有用的知识。

(二) 学校应积极利用新技术对传统课堂进行适当的补充

传统课堂受到学习时间和地点的限制,无法将良好的教学资源惠及每一位学习者,这使得高校良好的教育资源没有得到充分的利用。除了在校大学生外,社会学习者也希望通过学习来提高自己的职场竞争力、拓展知识面。因此,高校的课堂应该面向社会开放。学校可与慕课平台合作,将课堂内容录制成视频,放在慕课平台上共享,为想学习的人提供良好的学习资源。

在调查过程中,多数同学表示传统课堂的内容不易保存,课堂上花费大量的时间记笔记而影响听课,甚至在请假后无法补上错过的知识。其实,传统课堂可以与慕课平台合作,录制课堂视频,这样可以解决传统课堂的教学资料难保存的问题。传统课堂的学生可以通过视频复习课堂内容,再次学习课程重点、难点,为复习提供保障。

添加弹幕等元素辅助教学,教学资源备份可拷贝。(2018084)

我觉得可以适当使课程(及资源)与互联网接轨。(2018072)

此外,学校还可以利用慕课平台丰富的学习资源,弥补传统课堂有限的教学资源。众所周知,新闻传播专业的同学不仅需要具备专业知识,还需要具备丰富的社会学、法律学、文学等知识。让学生广泛选修慕课平台上提供的人文社科课程,提高其在文学、经济、法律、社会学等方面的知识和素养,这对新闻传播学人才的培养特别重要,仅靠本院系师资难以胜任,不如利用慕课资源。[①]

(三)老师应努力提高教学水平,保证教学质量

老师作为知识的"传播者",应努力提高自身的教学水平,保证教学质量。学生对于老师的期待是全方位的,主要有以下几种看法。

(传统课堂的老师)应及时更新课程内容,紧跟时代步伐。(2018070)

呈现形式多样,内容更有趣,联系实例,少一些照本宣科。(2018091)

在授课形式上,生动多样一点,别一味地填鸭式教育。(2018038)

增加多媒体手段的运用,改纯说教的课堂形式为多互动、多趣味的课堂,保持自身内容的深度。(2018098)

老师在课堂上应更注重学生体验,比如PPT的设置,提高互动参与度。(2018054)

老师应该提高自身的知识储备和业务素质,向学生提供常新、丰富、有启发性的知识。(2018021)

---

① 樊林君.慕课给新闻传播教学带来的机遇与冲击[J].青年记者,2015(14):84-85.

根据问卷调查显示,老师应当做的主要有以下几点:首先,要有良好的语言基础,普通话要标准,尽量减少自身语言问题带给学生的听课压力。其次,老师在备课的过程中,应及时更新案例。新闻传播学的一部分课程在授课过程中经常会用到案例,老师应根据实时热点及时更新案例。老师还应及时了解新闻传播学界的研究方向、热门研究和重大研究成果,在课堂上与学生分享,进行讨论,这样不仅可以为学生提供新闻传播学科的新知识,拓展思维,还可以活跃课堂气氛。最后,老师要有责任心,对学生负责,认真检查学生的课后作业,认真地进行期末考核,积极与学生沟通,了解学生的需求,根据学生的建议对课堂进行相应的调整。

(四)增强新闻传播学科传统课堂师生之间的人际互动

传统课堂最大的优势在于老师和学生之间可以进行有效的人际互动。为了增强人际互动,学校应尽量控制课堂人数,减少合班课。小班课便于老师和学生之间保持良好的沟通,老师可以更好地掌握学生的学习情况,学生之间讨论问题也比较方便。在问卷反馈的结果中,也有相应的此类建议。

发挥人际传播优势,促进师生情感交流。(2018011)

增强与学生的沟通交流,认真倾听学生的情感与意见。(2018121)

加强师生间的对接,做作业,批改作业,面谈,课堂提问,上课师生交流方便。(2018042)

师生之间真诚的、有深度的交流是慕课无法取代的。在传统课堂里,师生之间会对彼此的身份有强烈的认同感,这种认同感可以促进他们之间的交流。(2018079)

一方面,在小班课堂上,老师与学生在面对面的交流中,互动的双向性强、频率高、反馈及时,老师和学生可以对学习内容及时地进行相应的修改、补充和说明。另一方面,老师在课堂上传递的知识中附带着自己的价值观念和价值判断,这种价值观念和价值判断会潜移默化地影响学生从事新闻传播活动的价值取向。面对面人际互动的这些优势是慕课课堂无法代替的,传统课堂可以通过开展专题讨论等方式加强师生之间的交流,强化传统课堂人际互动的独特优势。

(五)重视实践课程,提高学生的实践能力

新闻传播学科的传统课堂应加大对实践课程教学工作的重视和投入。新闻传播专业对学生的实践能力有着较高的要求,因此,大部分学校都开设了大量的实践课程,如新闻采访、摄影、广告创意与策划等。这些实践课程往往需要硬件设备、场景实训以及老师的现场指导,而这些都是慕课课堂无法提供的。

因此,新闻传播学科实践性较强的课程一定要由传统课堂开设。在传统课堂上,学生在操作实践过程中遇到困难可以及时请教老师。老师可以通过现场演示的教学方式提高学生的学习效果,还可通过评析学生作业发现学生的弱点,以查缺补漏。在某种程度上,这种操作类的实践课程是延续了传统的"师傅带徒弟"的手工作坊模式,而学生也能通过老师手把手的教学学会设备和软件的使用,并在一些细节的技术处理问题上得到老师的专业指点,最终完成课程。[①]

新闻传播学科传统课堂应强化自身在实践课程教学方面的优势,重视实践课程的教学工作,学校应多开设一些实践类的课程或增加实践课程的课时,培养学生的实践能力,为学生走上工作岗位打下良好的基础。

---

① 贺艳.试析慕课背景下新闻传播课程教学改革路径探讨[J].教育教学论坛,2015(22):74-75.

融合媒体时代传媒教育小学期的实践探索
——以武汉传媒学院的小学期综合创作改革为例
Research and Practice on Short Semester of Media Education in the Era of Media Convergence

◆ 赵 倩*

Zhao Qian

摘要：本文以高等院校的小学期教学为例，探讨和研究在强调媒介融合的传媒新时代，如何更加有效地实现传媒类学院和专业中小学期设立时的初衷。本文以武汉传媒学院的综合创作改革为例，从小学期的实践安排、教学内容设计、教学过程管理等方面入手，分析了小学期综合创作改革的系统性、综合性、专业性特点，并对小学期的教学改革提出了参考性意见。

Abstract：The essay is based on the "short semester" teaching in colleges and universities, discussing how to fulfill original intention of "short semester" in colleges and universities of communications in the era which focuses on media convergence. The essay takes Wuhan University of Communication as an example, starts with the arrangement of practice, design of teaching content and management of teaching procedure of short semester. It also analyzes the features of systematisms, comprehensiveness and expertise after the "short semester" has been changed into comprehensive innovation, and poses some suggestions towards the teaching revolution of "short semester".

---

* 赵倩，武汉传媒学院新闻传播学院副教授。武汉传媒学院新闻传播学院助教。

关键词：小学期 综合创作 实践 管理

Keywords：short semester, comprehensive innovation, practice, administration

高校的小学期制度是我国高等院校向美国高校学习的产物,三学期制的教学模式2004年从北京大学开始,逐渐在全国高校中施行。所谓"小学期",本意就是打破高等院校的二学期制,利用学期末空出的两到三周而增加的一个学期。因为需要打破原本的十六周、十八周的教学体系,多数小学期被安排在假期,由学生自主完成,并且持续时间较短。这种安排给原本固定的二学期制衍生了新的教学阵地,但由于教学安排并非在课堂中,且时间短、管理差,造成了许多高校将"小学期"仅仅变成学生实习的"第二课堂",小学期在学生没有教学规范约束的情况下,并不能达到检验课堂教学的目的,反而成了学生吐槽"学了干吗"的对象,这样的教学安排和设计与小学期的初衷是有出入的。

一、小学期教学实践面临的困难

在设计之初,小学期主要用来让学生在学习完教学周的课程内容之后,利用短暂的实践周期,积极地参加专业实习、实践,这样一来可以学习课堂外的知识,二来可以检验自己在课堂内的知识消化的程度。但是,大学里的小学期怎么安排?时间是多少?内容安排是什么?管理方法是什么?这些都成为问题。学生会反映"大一还没有学习专业知识,无法实习;大二课程太多没时间实习;大三忙着专业实践,没空实习;大四要找工作了无心实习"。如何协调小学期与正常教学周的关系,如何监管小学期的教学效果,如何有效地设计小学期的教学内容,等等这些都是高等院校推广小学期教学所要面临的问题。

(一)小学期与常规学期的地位不对等

高校中设计的小学期大多数被看作常规教学周期的附属,并不是和常规教学周期并列的关系。由于小学期的教学时间短,且大多数都安排在假期,受重视程度不够,没有专业的教师团队指导等客观因素,使得小学期的地位不受重视。

高校将小学期固定成了一项制度,并将其列为必修学分之后,在一定程度上确立了小学期的地位,但是由于它不需要学生在课堂上学习,没有教师全程给予指导,多数靠学生自我约束、自我管理,逐渐导致小学期的教学实践质量跟不上同学们的高期望值,最终流于形式,不受大学生的重视。

(二)小学期的教学设计不具有连续性

小学期初期的设计是希望学生利用集中的时间进行专业实习,或者由知名教授、专家、学者在固定的时间给学生做学术讲座。例如从2012年开始,全面推行小学期制的上海交通大学,在国际与公共事务学院的小学期课程中,就有包括上海国际问题研究院院长杨洁勉、中国外交学院常务副院长秦亚青、上海外国语大学中东研究所所长朱威烈,还有王逸舟、伍贻康、倪世雄等诸多外交领域赫赫有名的专家学者主讲的"中国外交热点议题分析"和加开的"名家名课",而且其他学院和专业的同学也可以选修,使得这门课在选课阶段早早就爆满。① 这样的小学期安排非常受大学生的欢迎。但是这种规模的学术论坛很难做成长期的、周期性的学期制。小学期虽然在某一个时期形成了一定的教学效果,但是这样的教学设计难以维持大学教育中的周期性的持续教育,引进专家学者的力度会慢慢降低,专家的人数、质量也逐年下降。看似热闹一阵之后,小学期的教学设计又显得捉襟见肘。

另外,为了使小学期有周期性的教学效果,高校会给小学期安排一定的实习量,让学生在短时间内自主实习,但是这样的教学设计,一来缺少了教学的针对性,不同专业的教学特色无法凸显;二来缺少了刺激性,使得小学期沦为一种可有可无的教学内容,变成了学生想怎么做就怎么做的没法量化的教学。即使是在清华、北大这样的一流学府,进行小学期改革十年之后,也有不少同学会对当年的小学期课程发出"王二小过年,一年不如一年"的评价。

---

① 怎么看待越来越多高校推行的暑假小学期[EB/OL].(2016-07-26)[2018-05-06].http://www.sohu.com/a/107652930_374087.

(三) 小学期的教学内容缺乏针对性

高等教育以专业性教育为主,针对不同的学科有一套完整的教学体系,不论是培养目标还是培养模式,各个专业之间都有很大的区别。这些因素决定了小学期教学在课程内容体系方面应该有自身的特点,不应比照其他专业进行简单更改,必须有针对性地根据高等教育教学的规律和特点进行系统的科学设置。

当前小学期课程内容体系的构建忽略了不同专业学生的知识基础和学习特点及接受能力,教学内容的构建与学生的专业需求联系甚微,大多数的高校将小学期教学内容设置成了毫无专业针对性的通识课程,仅仅只是完成一份与专业关系甚微的调查报告或者其他形式的文本而已。这样的内容设置缺乏高等教育的专业性,无法体现专业的特色和学生在本专业学到的专业技能。

(四) 小学期的教学管理缺乏规范

不同的高校对于小学期的安排时间不相同,但是由于高等教育的周期性,国内多数的高等院校都是将两个学期的时长各压缩几周的时间,凑在一起形成一定的教学周期,在暑假期间开展。在假期开展小学期,就会缺少常规教学的课堂监管体系,教师对于每一位参加小学期实践的学生无法做到面对面的辅导和实时监督,对于学生的实践情况也无法得到及时的反馈,教学管理无法实现。

对于很多大学生来说,小学期制是一种不得不完成的、没有监管的、容易获得学分的教学制度,学生可以按照自己的时间支配小学期的内容,不重视过程学习,只求得分了事,有些大学生甚至表示:对小学期里"随便选的课,不期待有什么收获,学分挣到了就行",这样的教学完全背离了小学期设置的初衷。

二、小学期制的实践改革——设置综合创作环节

小学期的设计,一是为了让学生可以积极地参与社会实践,可以在实习实践中锻炼自己;二是为了通过集中性、密集性的实践教学,打破高校常规教学固有

的课程规范体系,更自由地为开放性的大学教育提供多种可能性;三是为了综合检验学生在常规教学中学到的知识,用一定的实践对课堂教学做出呼应。

基于这样的教学目标,武汉传媒学院在探索如何更好地利用小学期的基础上,提出了为传媒院校的大学生设计综合创作的改革理念。在施行的"2017版本科人才培养方案"中,规定了在每个学期设立专业综合创作,根据学生在不同阶段所开设的专业课程及应具备的专业能力,设计传媒专业综合创作的小学期内容,不仅将教学时间统一到常规教学周来,还紧密结合了本学期所有的专业课程。

(一)设立目标清晰的小学期综合创作教学纲要

综合创作类的小学期,其教学重点是培养学生运用所学的理论知识和技能解决实际问题的能力。扩展学生的专业知识与专业技能,实现专业创作向市场转化、专业知识向专业能力转化,实现专业能力与岗位需求相匹配。

综合创作不再是常规教学周的辅助,它成了和常规教学对等的教学的一部分,它也不再是孤立于常规教学的独立的部分,它可以总结常规教学周的内容,成为检验常规教学效果的一把标尺。

在确立好以综合创作为主的小学期教学目标后,就给高校的小学期教学定下了一个基调,使得它的地位被确定下来,为后续的教学展开打下了基础。

(二)设计针对传媒教育的综合创作教学内容

1.设计环环相扣的综合性教学内容

在小学期的综合创作中,设计的题目会根据学生在不同阶段所开设的专业课程及本阶段学生应具备的专业能力进行编排,它的最大特色就是综合性。

综合创作不是某一门课程的课程作业,也不是某一个老师规定的考试内容,它是本学期所有课程的综合呈现。要完成本学期的综合创作就必须要运用到本学期学习的所有课程内容,囊括了理论基础课程和技术实践课程,学生只有学会了本学期的所有课程才能完成本学期的综合创作。这样的综合性创作覆盖面广,涉及的课程多,有利于检验本学期的课程学习效果。

以综合创作为替代的小学期实践重点是培养学生的专业学习能力。以武汉传媒学院新闻传播学院 2017 版广播电视学专业的综合创作为例,首先分解毕业要求,根据不同专业对毕业生的不同技能的要求制定教学任务,每一个小的综合创作一步一步完成之后,就能获得相应的职业技能,就能在毕业创作中综合小技能完成专业的毕业作品。

学生在第一学期的学习属于适应阶段,从第二学期开始综合创作正式实施。如表 1 所示,第二学期的综合创作是"平面媒体创作",融合了本学期的"大众传播学概论""中外新闻史""平面设计与制作""新闻采写实务"四门专业课程,考核学生的平面媒体的内容生产和效果呈现,这样的设计既能够实践新闻理论知识,又能够利用技能课程进行内容的呈现。第三学期的"新闻调查报告",既综合了第一、二学期的新闻理论和实务,又融入了本学期的"视听采访""视听节目分析""影视剪辑"等课程,考核学生的深度新闻内容的生产和多样化呈现。第四学期的"网络短视频制作"主要结合本学期的"新闻报道策划""纪录片创作""影视特效与制作"等课程,既编排了理论基础课程,又实践了技能课程,囊括了本学期的专业课,以互联网短视频的制作为考核内容。第五学期的"交互式数据新闻页面制作"以新媒体为核心,主要考查学生对数据新闻的理解程度以及网络页面的制作技能,将本学期所学的互联网传播技巧和互联网软件制作技能结合起来综合考查学生的制作水平。

表 1　武汉传媒学院 2017 版广播电视学综合创作安排表

课程类别	性质	实践环节名称	学分	周数	各学期学分分配								开课形式
					1	2	3	4	5	6	7	8	
综合创作		平面媒体创作	1	1		1							
		新闻调查报告	2	2			2						
		网络短视频创作	2	2				2					
		交互式数据新闻页面制作	2	2					2				
		全媒体创作	2	2						2			
		毕业实习	5	5							5		
		毕业创作(论文)	10	10							10		

这样的小学期教学任务不是单独针对哪一门课程的小作业,也不是脱离了专业教学漫无边际的实践考核,而是有指向性、针对性、综合性和专业性的小学期创作。它结合了专业的特点,既实践了理论课程,又在创作中一次又一次巩固了技能课,将本学期或者上学期的内容通过一个综合性的考核进行检验,极大地实践了专业知识,强化了技能。

2.教学设计的专业性

在课程考试结束之后的综合创作,其主要考查的是本学期学生掌握的知识和具备的能力。综合创作的具体题目应具有一定的理论意义和实际应用价值,题目可根据当年的授课重点和媒体的更新,由指导教师根据专业的特点确定选题,既要综合串联整个学期的大多数课程,又要体现专业特殊性,将综合创作所涉及的专业知识进行分解。

以武汉传媒学院的网络与新媒体专业为例(见表2)。它的综合创作的设计全部围绕新媒体展开,在第二、三学期依托新闻学院的基础,重点强调基础理论知识的实践,等到专业知识全部展开后,就重点考查学生的新媒体制作、设计、

表2 武汉传媒学院2017版

课程类别	性质	实践环节名称	学分	周数	各学期学分分配								开课形式	开课单位
					1	2	3	4	5	6	7	8		
综合创作类	必修	军事训练及入学教育 military training and entrance education	2	2	2									学工
		新闻调查报告 news reporting	1	1			1							学工
		新媒体报告策划 news media report planning	1	1				1						学工
		媒体交互设计产品 media Interaction design products	1	1					1					学工
		数据新闻产品 data news product	2	2					2					学工
		富媒体创作 full media creation	2	2							2			学工
		毕业实习 graduation practice	5	5								5		学工
		毕业创作(论文) graduation creation	10	10								10		学工

运营维护等技能。这样做既体现了新闻学院的特色，又表现了区别于广播电视学、新闻学的网络与新媒体的专业特色。

（二）综合创作中规范小学期的教学管理

小学期的教学管理一直是教学中的软肋，由于小学期基本设在暑假期间，学生和教师的沟通不畅，假期的随意性又较大，因此有效地进行教学管理是小学期的过程性教学和学生的过程性学习的重要保障。

武汉传媒学院的综合创作调整教学周次，在全部18周的教学周里，压缩课堂教学的周次，调整为16个教学周，空出2周的教学周，供教师和学生在校园里共同完成综合创作。这样既保证了正常教学周的教学，又为小学期提供了硬性的教学管理规范，从时间上保障了综合创作的顺利实施。

在具体的实施过程中，武汉传媒学院会根据《综合创作教学大纲》要求教师认真拟订综合创作任务书（包括创作题目、创作任务、创作安排、需查阅的相关资料及创作要求等），制定详细的具体考核办法，并于综合创作开始前向学生公布，这样做保证了学生对综合创作有一个基本的认知，对接下来的教学任务有一定的了解，在着手完成任务时就有计划、有规范。

在综合创作的教学周里，教师每天负责学生的日常管理及考核，严格要求学生每天与教师进行沟通和讨论，教师需要了解学生的设计情况并做具体指导，及时发现和解决问题，督促和检查综合创作的进度和质量，使学生在完成综合创作任务时，不再仅仅是注重最终的结果，而是加强过程管理。

综合创作结束后，教师需要认真审核学生综合创作的全部内容，仔细评阅，并及时评定成绩，做好总结。学生则需要整理好文档资料（综合创作任务书、综合创作报告、作品、成绩登记表、总结报告等），并按规定存档以及进行作品展示。

这样的综合创作就对从任务的制定到过程的管理和考试的归档都进行了把控，这样的实践能使学生更加注重过程学习，使教师更看重指导学生实践的过程而不仅仅只是拿到一个实践作品。

三、小学期的实践教学改革意义

小学期综合创作的实践教学环节的设计是为了提高高校教学资源的利用率,以媒介融合为背景,为学生提供多种多样的学习方法和技巧,打破原有的小学期定位不清晰的"鸡肋"地位,促进学生的个性化发展,培养他们的创新能力。

小学期的特殊性决定了它实施起来的灵活多样性,必须针对传媒类院校的不同年级、不同层次的学生,实行有针对性的个性化教育,在学校的统一规划下,将学生的兴趣爱好和专业知识的实践教育结合起来,有针对性、目的性地展开教学。

小学期不能被看作孤立的、完全独立于常规教学的教学部分,它应该是常规教学的有机组成部分,两者是紧密结合的整体。小学期是对教学周内所学专业知识的进一步理解和综合运用实践的过程,又是大学生传媒专业技能得以提升的基础,是从高校过渡到社会的桥梁。以综合创作替代原本的小学期教学环节是一个不断进行动态调整的过程,实践内容随着媒体的变化发展、专业知识的更替而不断地进行修订,这样就有效保证了小学期教学的发展性。随着学生的参与度增加,综合创作的管理模式在不断地更新变化,从顶层内容的设计到教学过程的管理监督,再到课程内容的最终展示和教学反思,在不断的深化综合创作改革中,小学期调动了越来越多学生的积极性和教师的创新性,使教师能不断地探索适合专业特色的小学期实践教学,构建更加合理的教学体系。

参考文献

[1]谢群.浅谈高等学校小学期制的教学实践改革与创新——以合肥某高校"卓越工程师"计划为例[J].高教学刊,2017(2):3-4.

[2]宋华军,邵帅,刘润华,任旭虎.改革实训教学模式 提高学生综合设计能力[J].实验室研究与探索,2017(9):206-210.

[3]刘朝霞,侯留路.部校共建培养广电专业学生实践能力探析[J].新闻前哨,2017(2):38-39.

[4]于苗,魏玉娟,岳庆荣.实践育人模式下应用型高校"三学期制"改革创新研究[J].辽宁师

范大学学报(社会科学版),2017(3):61-65.

[5]张静玲,焦琳.高校小学期现象的分析与研究[J].中外企业家,2016(2):211.

[6]黄伟宏.高校小学期实践教学探讨[J].现代职业教育,2016(30):98.

[7]李斌.实践大课堂,传媒大舞台——浙传小学期走岗实践之我见[J].新教育时代电子杂志:教师版,2016(35):160.

[8]关雪梅.高校小学期教学改革现状及发展研究[J].卷宗,2016(8):22-24.

培养实践能力 创新考试机制
——"影视剧本创作"课程教学改革刍议
The Teaching Reform and Innovation of Film and TV Script Writing Course

⊕ 代 辉*

Dai Hui

摘要："影视剧本创作"是广播电视编导专业的一门专业课程。目前该课程的教学方式存在一些问题，比如：课堂上教师重知识传授，轻思维碰撞；学生学习重技巧钻研而轻内涵积淀，实践操作能力薄弱，等等。教学改革应从这几方面着手：在教学过程中完善教学目标，打破传统的侧重理论讲授为主的教学模式，探索行之有效的实践教学环节；考试可灵活运用多种方式方法，激发并保护学生的创作热情。

Abstract: The course of "Film and TV Script Writing" is different from the general writing course, which requires students not only to master the basic rules of writing, but also to guide students to have a good narrative foundation. At present, the teaching of this course has the connotation of students' heavy skills, and the teachers in the class should be taught the knowledge of knowledge, don't have thought exchange and thinking collision, etc. Teaching reform from several aspects: in the process of perfecting the teaching goal, to break the traditional focus on theory teaching as the main teaching model, exploring effective practice teaching link, the examination can

---

* 代辉，武汉传媒学院电影与电视学院教师。

flexible use of various methods, inspire and protect the students´ creative enthusiasm.

关键词：教学目标　教学改革　项目植入　考试改革

Keywords：teaching reform, practical abilitites, examination system, innovate

如今，虽然影视行业持续蓬勃发展，但高校广播电视编导专业毕业生就业形势却不容乐观。原因不一而足，但与学校的教学现状、学生的实践能力不足脱不了干系。当下，向实践型人才培养模式转型已经成为高校课程改革的共识，"影视剧本创作"课程教学面临同样的转型问题，学生的专业学习必须以实践能力的培养为导向。高校编剧人才培养模式存在偏重理论知识传授，缺乏实践环节机制的问题；学生就业与市场需求之间存在较大矛盾，毕业生空有满腹理论，因缺少实践操作能力而难以得到市场认可。因此，"影视剧本创作"课程必须基于市场需求，进行切实可行的改革。

一、"影视剧本创作"课程教学现状

以笔者所在学校的"影视剧本创作"课程为例。广播电视编导专业是武汉传媒学院2008年开设的专业，该课程教学大纲明确指出，学生通过对所学的影视剧本创作基础知识和基本规律的了解和掌握，通过课内外的写作训练，具备从事电影、广播电视、影视广告等部门工作中所要求的影视写作能力，同时，学生需培养创造性思维能力。该课程有32学时，2学分，开设在第四学期。虽然经过了十余年的教学，但"影视剧本创作"课程仍存在以下问题。

（一）学生现状

艺术类院校的大学生对单纯的理论知识讲授接受较困难，对文学艺术作品的涉猎也不广泛，文字基本功不够扎实，对于文字文本的热情远没有对图像文本那样高。他们在创作中喜欢独特的创作理念，错误地认为自己是搞艺术的，理所当然在创作中应使用新颖的手法，剧本创作不注重思想性和观赏性，一味追求所谓艺术性，沉醉于自我欣赏中，重"技术"轻"内涵"现象较严重，对教师讲授理论兴味索然。

许多学生仅把该课程当成一门拿学分的课程,认为就是上课听一下,考前突击背一下就可以了,完全没有意识到要在课外投入时间来提高自己的编剧水平,学习目的是盲目的。而一个好的剧作家在塑造人物形象的时候需要具备客观的生活积淀、丰富的主观情感表达和独特的艺术表现形式,这三者缺一不可。缺乏生活的积累,缺少客观的生活和主观的情感积淀,没有一定的人生经历和体验就开始学习编剧,是很难学有所成的。学生需要利用课外大量的时间去深入生活、思考生活、发现生活,而剧本创作所需要具备的观察力、感受力和想象力是要在平时生活中进行培养的,这些能力的提升在课内是无法实现的。

(二) 教学现状

据笔者观察,多数艺术院校的专业理论课教学仍以传统的"我讲你听"的教学模式来进行。教师面对数十位学生,侃侃而谈,学生中虽有聚精会神者,但更多心不在焉者。在这种教学模式下,学生是"沉默的大多数",教师一人言者谆谆,但是学生却听者藐藐。师生之间缺乏互动,缺乏交流,缺乏碰撞,同学之间亦如此。

剧本创作,其本质是一种精神性的产品,应具有其个性和独创性,剧本创作课程的课堂应大多采用头脑风暴式的探讨,每个学生的创意都可以相互碰撞出火花,而不应该是教师简单的知识传授。这在艺术类的专业教育中尤其重要,但是目前大班制的上课情形让这一目标难以实现,一个老师面对八十多名学生,要为每一位学生量身定制出各自的故事构思和情感内涵,既不现实,也难以实现,师生之间的沟通交流就会增加难度。而老师自身在创作中表达出的人生观、价值观可能会与学生的价值体系有差异,再加上沟通的困难,课堂上的无声对抗就出现了。

二、课堂教学改革思路

(一) 明确教学目标

"影视剧本创作"是一门写作课,但是它不同于传统意义上的写作课,因为写作的对象不是一般的文学作品而是影视剧,二者存在很大的差别。最核心的差别就是:文学作品是用文字写作,而影视剧是用镜头写作。文学作品一旦文字写完后创作就结束了,读者就可以去阅读、去理解。但是影视剧创作在剧本完成后并未结束,还有待于表演、配音、摄像、后期剪辑等工序来为之添砖加瓦,最后才能成为一部影视剧;剧本不是拿给读者阅读的,而是所用工作部门的指南。所以在课程建设之初,教师和学生就应该明确这门课在教学中应该达到的目标。

1.让学生能够实现思维的转换

教师以优秀作品为案例进行分析,帮助同学们提高分析能力,以培养学生的创作思维为核心内容,充分运用多媒体教学的直观性,在讲解理论知识的基础上,组织同学们现场观摩和讨论。

2.让学生明白创作理念的重要性

艺术类专业学生往往喜爱标新立异来体现自身的与众不同,在创作过程中往往追求特殊的表现手段,针对这一现状,教师要让学生懂得市场需求,明白作品的意义,结合优秀作品分析主题对作品的主导性,并利用成功案例帮助学生分析、实践。

3.让学生有明确的职业目标

在学习创作的过程中,学生应自觉联系运用其他所学课程的理论知识,教师在授课过程中要注重理论与实践的结合,明确培养方向是培养功底扎实、有实干精神、懂得研究受众、关注市场的未来编剧,创作出观众喜爱的影视剧本,并为影视剧市场输送人才。

(二) 推行教学模式改革

1. 教学方式方法改革

首先,对于艺术类院校的学生而言,理论课的广度与深度对学生提出了严峻的挑战,所以在理论课程的讲授中应尽量简化理论逻辑层次,让学生用自己能够理解的方式对理论进行解读。比如在讲授"情节"这一概念时,关于"情节"的来源有三种理论依据,我们就给学生简化为:情节来源于行动;情节来源于冲突;情节来源于性格。根据艺术类专业学生的实际,用简洁的语言将繁复的理论文字进行压缩和条理化,再延伸出"情节"和"故事"的概念的区别,学生在实际操作中就会明白自己的创作方向。

其次,我们还可以采用观剧并集体讨论的方式来进行理论教学,在观剧前或观剧后提出所要讲授的相关理论问题让学生进行讨论。比如在进行"悬念"这一理论内容讲授时,组织学生观看微电影《钢琴调音师》,在学生有了较深刻的观影感受后,我们对学生提出了一系列的问题:看出影片最后主人公的命运结局了吗?为什么开头的设置是这么奇怪?里面多次提到"泰姬陵"太奇怪了,为什么?等等。当对这一系列的问题进行深入的探讨后,对于"悬念"的定义,同学们自己都可以加以界定了,这样也加深了同学们对这一概念的深层理解。

再次,通过作业的讲评和同学之间的互评巩固落实理论知识。比如有一个学生写了一个《奈何》的剧本,该作品达到了剧本的基本写作要求,并且有一定的艺术感染力,借点评剧本的机会我们就可以把理论知识渗透其中。课堂由传统的讲堂变为听讲、讨论甚至表演、编故事与记录相结合,每次课堂讨论,同学们头脑风暴碰撞出的精彩火花都会被记录下来,课下让同学们进行整理并进行延伸创作,最大限度地激发和保护学生的创作热情。

最后,教师还要研究学习欧美、韩国以及我国香港、台湾等地的先进的编剧培养体系。比如,韩国的编剧培训班的课程设置和选拔体制是这样的:先从新闻写作入手,接着是对大规模的、复杂的事件的深度报道,然后是故事的编织、系列剧的写作,最后是影视剧的创作,在层层考核选拔中,胜出者为优。再如欧美的编剧集体创作机制,教师都可以把它们借鉴运用到教学当中。

2.加大实践教学比重

教师应提高自身的教学水平,加强实践创作的能力。在教学过程中,教师可以给学生提供创作题材,让学生课下做好调研,带着电脑进课堂进行讨论或创作。引导学生根据调研取得的素材进行思考和讨论,确定好创作的主题和方向,寻找构思主要人物,引导编织人物关系,设计提炼情节的大致走向,确定好情节点,形成故事的轮廓。尽量在实践教学过程中启发引导学生,师生之间通力合作,出谋划策,合力创作出一部甚至几部影视剧本。

打破传统课堂上理论灌输式的讲授,探索以实践教学为主、边讲授边实践的课堂教学新模式。加大编剧写作的示范、引导、启发的课堂讨论和口头创作,以学生为主导,甚至学生可以拿出自己的创意构思在课堂上供大家一同讨论。实践教学课时应占总课时的60%左右。

在实践课的授课环节中,要确立学生集体参与创作的基本目标,进行分小组创作,教师需要充分调动每一位学生参与的积极性。以本人今年所带的班级为例,两个班一共80人,以10人为一组,每一个小组上报自己最感兴趣的三个选题,拿出来在课堂上公开讨论。在这24个选题中,选出大家认为最有创作基础、同学们最感兴趣的8个选题进行创作。整个选题遴选用了两周的课时,但是该教学阶段很有意义,因为应用型编导专业人才应具备的首要素质就是能够因材创作,能够和不同的人进行沟通交流,对人生、对世界、对情感进行表达和探索,将剧本创作还原到其最基本的社会功能之中。

3.实施项目植入课堂模式

项目植入课堂模式指的是教师以项目为主导,在教学中以此为依托对学生进行创作指导,师生齐心协力创作出影视剧项目等。这种项目植入课堂模式能够与市场接轨,产生实际价值,并能有效锻炼和提升学生的实践技能和专业水平。它能够通过实际工作情境的创设来对学生进行培训,有效地将理论和实践结合在一起,进一步巩固学生的理论知识并且培养他们的实践能力,使其能够尽早地接触到市场的运作。

三、考试机制创新举措

高校教学工作中的一个重要环节就是考试,它能够检测人才培养的教学效果是否达到了预设的目标,是否完成了教学的计划。为了更快更好地适应当今时代的快速发展对传媒行业人才的要求,本人尝试着对所讲授的"影视剧本创作"课程提出考核方式的改革创新思路。

(一)目前考试方式存在的问题

长期以来,"影视剧本创作"作为一门考试课,其成绩构成包含了平时成绩和统一命题的期末考试成绩两部分,所占成绩比例分别为:平时成绩占总成绩的40%,期末考试占60%。而平时成绩又由平时随堂的片段写作训练得分、考勤得分、课堂互动得分三部分累加得出;期末考试成绩则是统一命题的测试卷,按照百分制评阅,再折算出比例记入总成绩。

期末考试形式分为两种:一种为闭卷方式进行笔试,所考查的题型包括名词解释题、简答题、论述题、命题或半命题作文;另一种则直接为小剧本创作题,学生不必在考场内完成,只需要在规定期限内,按要求提交一份文字作品即可,答题时间相对比较自由。(见表1)

表1 影视剧本创作的考试方式

	考核形式	考核目的
平时成绩(40%)	每两至三周进行一次,总数在四至五次的片段写作练习和讲评(16%)	理论联系实际,提升写作技巧,在不断地训练中总结经验
	考勤(12%)	
	课堂互动(12%)	
期末成绩(60%)	类型一:期末笔试,以答卷为主	基础知识、感悟能力
	类型二:提交文章,以创作为主	综合写作水平、叙事能力

1.重结果,轻过程

写作课是一门需要循序渐进的课程,有一个意识和观念的学习和深化的过程,它不是一蹴而就的。随着课程的展开和深入,由于每个学生在学习的时候理解和吸收的状态不同,平时积淀的人文素养高下之别,最终达到的效果是不同的。而大多数学生受多年应试教育熏陶的影响,唯分数论,重视分数的高下而轻视实践技能的提高,面临就业时因实践能力不够而找不到理想工作的相当普遍。而目前期末成绩的比例占到了总成绩的60%,这导致学生只关注期末考试,而忽视了平时训练的质量,对编导这种实践性强的专业而言,学生因此不能得到良好的实践锻炼。

2. 考核形式单一

期末考试的类型,一是以试卷形式进行考核,题目样式要求接近高考作文。而文学写作并非一蹴而就的事情,短时间的集中测试也仅能考查出学生部分的语言文字组织表达水平。因为篇幅有限,对创作灵感的来临、大框架的布局谋篇、对人物性格形象的刻画等无法考查,这种考查方式更多考查的是学生的学习能力和应考能力,时间长了,艺术创作的风格化和审美性的考查就无法达到要求。

二是以创作故事或剧本为主的考核方式。这种方式的优点很明确,就是能够最大限度地展现学生的创意、文采和价值观,但是令人感到头疼的是,在网络信息量呈爆炸式增长的当下,不少期末作业存在着窜改或抄袭的现象,一些期末作业与平时随堂测试的质量相差悬殊,并且文风极不一致。再加上教师的个人专业水平、衡量标准、要求程度等不同,以此评判一项没有标准答案的课程是有失偏颇的。

3. 考核评价方式简单

平时成绩占学期总成绩的40%,其中学生的考勤占了平时成绩的30%,此项得分的依据是学生课堂的到课情况和课堂回答问题的表现。其实如果仅仅根据学生到课的次数和少数同学课堂的活跃表现来给出平时成绩的分数,这种方式得出的结论可信度并不高。因为目前高校中的"低头族"现象频发,身在曹营心在汉的学生比比皆是,人到了但是学习的效果并未可知。这种简单的评价方式,无法达到创新人才培养目标。

（二）创新考试方式方法

1. 采用多种考核方式

学生的成绩考核应该强调注重其自我能力的考查。在国外的一些高校，对于一门课程的考核会交叉利用多种考核方式，来全面客观地给出学生的成绩。影视剧本创作属于写作课范畴，艺术的审美性和人文性的思索蕴含其中，所以这门课程的考核并不适合用研究汇报或者论文的方式进行考核，更无法用一张试卷的命题来评判学生的综合实力。因此，笔者认为，口试这一形式可以尝试运用在写作课的期末考核中。

对于本专业学生而言，不仅要培养他们具有"笔杆子"的生存能力，更需要培养他们具有"嘴皮子"功夫，本专业的特殊性在于需要学生去与人沟通，推荐自己，展示自己的作品。回顾该课程的考核重点，掌握基本的剧作创作规律，能够讲述完整的故事是其关键。基于这个目的，设计口试的方式，证明学生具有讲述故事的能力，且当场讲述能够保证其考核的真实性。具体的规则设计如下：

首先，按照学号或者抽签顺序，让每一名学生在同学与老师面前，阐明创意，讲述故事。

其次，需要阐述的内容包括：一是创意由来；二是故事梗概，讲述清楚时间、地点、人物设定，情节的主体架构，归纳出基本情节点，要求连贯叙事；三是表达清楚故事的主题定位。

最后，讲述时长规定：10-12分钟，要求脱稿。

这个考试改革的设计，按照业界的剧本策划会中的编剧阐述进行设计，考核学生是否具备清晰的思路、对结构的把控以及编创故事的能力，并且能够保证成绩的真实。

2. 通过项目进行考核

将学生平时参与业界创作的成果和参与创作的活动纳入考核的范畴中，给出一定的分数，对这些参与实践的同学予以一定的奖励。如学生在报纸杂志上发表了作品,积极参加校内外各类项目,参加各类比赛,或者参与工作室的工作,都应该给予肯定并奖励。只有这样,才能激励学生以更大的热情投入到实践能力的提升上。

3.改变总评成绩构成

采用多种考核方式来综合考查学生的专业水准,将总评成绩进行分解,削弱期末考试在总评成绩中的地位,加入多种考核评分方式,加大平时成绩的评分比重,从而促进学生功在平时。

加强实践环节设计、细化考核内容,强调学生的实践写作能力。

具体考核模式如图1所示:

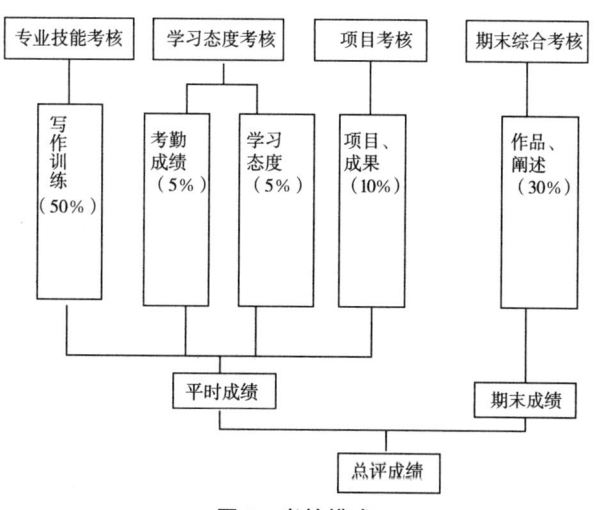

图1　考核模式

总之,针对目前高校教学中"影视剧本创作"课程普遍理论化过重、不适应当下市场对人才需求的现状,应建设以实践教学为主的教学模式,才能培养出与市场接轨的编创剧本的影视思维。也只有加大实践教学的课时和力度,真正让学生的学习和创作落到实处,才能最大限度地激发学生学习和创作的热情。未来在教育改革的道路上我们还需要不断进行思考和探索,在提高自身专业素质的同时还要不断推动课程与时俱进的改革和发展。

参考文献：

[1]菲尔德.电影编剧创作指南(修订版)[M].魏枫,译.北京:世界图书出版公司,2012:130.

[2]谢燕南.《影视剧本创作》教学方法改革的探索与实践[J].现代交际,2012(6):206-207.

[3]王建平.论戏剧影视文学专业的实习教学[J].广西大学学报(哲学社会科学版),2007.(S1):1-3.

[4]李兰青.高职院校影视剧本教学改革的思考与实践[J].西部广播电视,2014(22):73-74.

"互联网+"背景下"新媒体编辑"课程的改革与创新
The Reform and Innovation of New Media Editing Course Based on the "Internet +"

◆ 宋博雅[*]

Song Boya

摘要：在"新媒体编辑"课程的授课过程中，往往存在学生因缺乏实践导致理论知识学习效果不好的问题，而如今"互联网+"背景对教师的教学模式和学生的学习方法都造成了一定的影响。因此，本文提出了一种强化实践的课程改革思路并探讨了其可行性。此外，本文还详细阐述了该课程改革方案的具体实施过程及教改成果，表明此方案能够提升学生的学习兴趣，强化学生的实践能力，同时还能完善教师的教学评价体系。

Abstract：In the course of teaching New Media Editing courses, students often lack the practice, and the "Internet +" background has a certain impact on the teacher's teaching model and students' methods. Therefore, this article puts forward a course reform idea of strengthening practice and discusses its feasibility. In addition, this article also elaborated on the specific implementation process of the curriculum reform program and the results of education reforms, showing that this program can enhance students' interest in learning and strengthen their practical ability, while also improving the teacher's teaching evaluation system.

---

[*] 宋博雅，武汉传媒学院新闻传播学院副教授。武汉传媒学院新闻传播学院助教。

关键词:"互联网+"　新媒体编辑　教学改革

Keywords:"Internet+", new media editing, teaching reform

"新媒体编辑"作为新媒体类专业的核心课程之一,其教学重点在于让学生理解新媒体编辑的意义与内容,并掌握新媒体的编辑技巧。随着网络技术日新月异的进步,新媒体行业发展迅猛,从早期的微博、微信等各大社交平台,到近期火热的直播、短视频等新型平台,技术和理念的不断革新,使得如今"互联网+"背景下的新媒体形态不断更新。由此可见,此门课程教学过程中的实践环节意义重大。本文将基于教学过程中存在的问题,有针对性地阐述如何引导学生参与新媒体编辑实践,强化学生的新媒体编辑技能。

一、"新媒体编辑"课程教学现状

(一)"新媒体编辑"课程的教学目标分析

随着互联网的发展,新媒体编辑专业技术人员这一新兴职业在社会中的职业需求量处于持续上升趋势,新媒体编辑是新媒体编辑专业技术人员必须具备的基本能力。"新媒体编辑"课程从整体出发,系统地讲解一名新媒体编辑专业技术人员的一般工作和技能,包括新媒体编辑专业技术人员的工作特点和具体工作内容,一名合格的新媒体编辑专业技术人员应该具备的职业素质和职业能力,在新媒体时代做好一名新媒体编辑的要求,等等。该课程旨在使学生能够具备网络信息收集、网络信息归类、网络信息价值判断的能力,以及掌握网络信息文稿的文字、图片、视频编辑的操作能力。

(二)目前高校"新媒体编辑"课程教学存在的问题

1.课堂内容枯燥无趣

"新媒体编辑"课程涉及的理论知识较多而且繁杂,例如网站的定位和信息采集、网络信息的整合、信息的维护原理,等等。对于学生来说,大量理论知识的灌输让他们在课堂中处于一个被动的状态,所以在教师讲授的过程中,学生会觉得枯燥和无聊,容易走神,从而影响自身对知识的理解,导致教学效果不理想。

2.理论与实践之间不统一

学生通过"新媒体编辑"课程学习到了大量的理论知识,但是,教师却很少给学生提供机会将这些理论知识用于实践,单纯理论知识的讲解不但难以提高学生学习的积极性,并且还会降低学生课后自主学习的可能性,影响学生的学习效果。缺乏相关的实践学习容易让学生对课堂上学习到的知识理解不透彻、记忆不深刻。理论学习与实践之间得不到统一,导致学生难以扎实地掌握新媒体编辑相关的理论知识。

二、"互联网+"的时代背景

(一)"互联网+"的提出

随着网络科技的不断发展,互联网开始在人们的生活中扮演着越来越重要的角色,"互联网+"的概念已经越来越深入人心。人们口中的"互联网+",实际上是指互联网+传统行业,它以网络科技的技术支撑作为平台,让传统行业的内容以此网络平台作为新的出发点,展现出与传统行业以往发展的不同之处。它让传统行业与互联网相结合,实现传统行业的创新性转型,发展成全新的行业发展模式。

2015年3月5日,李克强总理在十二届全国人大三次会议的政府工作报告中,首次提出了"互联网+"行动计划,该计划指出:制定"互联网+"行动计划,推动移动互联网、云计算、大数据、物联网等与现代制造业结合,促进电子商务、工业互联网和互联网金融健康发展。

我们可以看出,"互联网+"已经成为当前的热门话题和社会的发展方向。现在高校的课堂要充分考虑"互联网+"的时代背景带给传统课堂的影响,让传统课堂基于互联网进行改革和创新,确保课堂的教学方法和教学模式能够吸取互联网带来的优势和便利,为学生提供更优质的课堂和学习体验。

(二)"互联网+"对"新媒体编辑"课程的教学模式产生的影响

1.从主导学习转向协助学习

传统的课堂中,教师依据书本上的知识点按照课时量安排好每节课的内容,每一次上课按照原计划去向学生讲解相关的知识,这样的方式使教师在课堂上占据绝对的主导地位,学生在整个学习的过程中处于较为被动的状态。这样的课堂教学方式重视理论知识传授而忽视实践的重要性,对于学生来说,很多理论只停留在表面的了解,而未能将其运用到实践操作层面。单一地传授理论知识对培养学生的创新能力和对知识的运用能力的效果并不理想,需要结合课本上的内容通过真正的实践进行练习,让学生在自主实践的过程中对理论知识有进一步的了解,对自己学习的不足有所补充,以培养学生的创新能力和动手操作能力。例如,教师在讲解"新媒体编辑"课程中有关信息采集的内容时,学生可以根据命题在互联网上寻找相关的信息,对信息的真假和价值进行判断和分类,最后整理成一篇完整的文章。在这个过程中,教师可以给予学生相关的协助。学生通过这个实践过程,对新媒体编辑中的信息采集过程有一个更加整体的认识。

另外,网络科学技术的发展,给教育改革带来了很大的影响,教师的身份被重新定义,教师不再是特指站在讲台上讲授知识的职业,而是指任何能够带给学生知识的产品。《论语》中提到"三人行,必有我师焉",意思是别人的言行举止,一定有我可以学习的地方,值得做我的老师。将这句话放至如今的"互联网+"学习环境中,只要能够让学生学习到知识的产品就能被称为老师。例如:电子书、微课、论坛,等等,这些现代化的网络服务同样都具有传递知识、解答学生疑惑的功能,教师这个角色被无限地泛化。因此,身处在"互联网+"背景下的传统教师所扮演的角色,由主导学习者向协助学习者转变,从课堂的主导者变为协助学生完成学习任务的一个引导者,帮助学生把从各个地方学习到的与新媒体相关的知识进行总结,以及能将新媒体编辑相关的理论知识更好地运用到学习实践中。

2.从有限的课堂变为无限的课堂

随着"互联网+"时代的到来,课堂的定义也发生了一定程度上的改变,如今的课堂不再特指传统意义上的一间由粉笔黑板、座椅板凳、教师学生组成的教室。互联网具有传播范围广、保留时间长、信息数据庞大、开放性强、交互性强等优势,使得知识的传播不受地点、时间、数量、方式等限制,教师与学生之间的沟通方式也越来越多元化。如今,基于互联网平台已经出现了很多新型教学模式,例如:翻转课堂、慕课、混合式教学、创新型实践,等等。这些新型教学模式的出现使得以往学校安排的固定时间、固定地点、固定学习内容、固定学习方式的学习课堂的边界渐渐被打破,学生可以在自己选定的时间、地点利用自己选择的途径去学习自己想要学习的内容。例如,学生在课堂学习完课堂知识后,可以利用课前饭后这种碎片化的时间在网络上用各种方式有针对性地寻找自己感兴趣的或有需要的内容进行扩展学习。这样的学习方式对于学生来说更加自由,通过这样的方式能够调动起学生的积极性,提高学生的学习效率,让学生对学习过的知识有更加深刻的理解。例如,教师在讲解"新媒体编辑"课程中自媒体的相关内容时,互联网平台上每一个成功的自媒体都是可以学习的案例,学生可以利用课后的时间对优秀的自媒体进行分析和评估,遇到问题通过网络与教师联系,使问题及时得到解决。

三、"互联网+"背景下"新媒体编辑"课程教学改革

(一)"互联网+"背景下"新媒体编辑"课程的改革思路

1.实践在理论学习中的重要性

在很多教学环节中,以书本学习为主的学习方式都有一些弊端。教师向学生单向地传授知识这一过程只重视知识的灌输,缺乏将理论知识与实践相结合

的练习,这样的学习方式有一定的局限性。因此,在学习上,教师不应将注意力单纯地放在理论教学上,而应积极地为学生创造更多理论与实践相结合的机会,让学生有更多的机会通过实践来巩固相关的理论知识的学习,以便清晰地看到自己学习的不足以及能力欠缺的地方。同时,教师也可以更加有针对性地对学生遇到的问题做出指导,帮助学生攻克难关。实践的过程是学生提高自己和完善自己的过程,通过实践的开展,学生可以将其所学用到该用的地方,锻炼自身正确地判断问题和解决问题的能力。

实践学习不同于单纯理论知识的学习,其中一个最大的特点就是实践可以得到看得见的收获。例如:音乐专业同学的实践可以得到一场音乐演出,软件开发专业同学的实践可以得到一个小程序,同样的,新媒体编辑专业同学的实践可以得到真正的阅读量,这样真实可见的成果可以最大限度地增强学生们学习的积极性。

"新媒体编辑"课程是一门在互联网时代应运而生的课程,应该紧跟时代的脚步为社会培养可用的人才。通过相关实践的开展,学生可以巩固对该专业知识的理解与积累,加强自身学习的兴趣和积极性,提高观察生活和分析事物的专业能力,为今后走向工作岗位做好准备。

2."互联网+"背景下"新媒体编辑"课程中实践的可行性

伴随着计算机的发展和互联网技术的突飞猛进,网络进入了 Web2.0 时代,社会化媒体开始普及。所谓的社会化媒体就是人们口中常说的社交媒体,指的是人们可以自主撰写、分享、讨论、发表意见、相互交流的网站或网络社区,常见的社交媒体包括贴吧、微信、微博、论坛、博客,等等。

社交媒体与其他媒体最大的区别是具有用户创造内容的特征,这一特征表示网站上的任何新闻、资讯和相关的信息都不再只由受过专业训练、有相关职业经验和采编资格的记者或编辑发出。这类网站可以为用户提供一个平台,每一个网民只要自己愿意,都可以通过社交媒体平台来传播和发布信息。所以在社交媒体时代,我们可以看到越来越多的人通过网络发表自己对政治、经济、社会的一些看法,也可以看到越来越多的新闻事件发生的时候,不是由专业编辑在第一时间发布消息,而是身处事件中的网民通过社交媒体平台在第一时间发布与事件相关的信息和图片。

因此,基于社交媒体的兴起以及"互联网+"的背景,学生在"新媒体编辑"课程中可以利用网络通过社交媒体平台去建立一个自己的社交网络账号。通过这个个人的社交网络账号,学生可以自主发布和传播自己创作的文章、图片以及视频,及时地将课堂学习的理论知识运用到实践中。

3.让实践走进"新媒体编辑"课堂

以武汉传媒学院 2015 级网络新媒体专业的学生为例,在"新媒体编辑"课开课初期,我们从多个社会化媒体中选定微信平台作为实践的平台,学生按照自己的意愿分成小组,每个小组在 8 周课程中运营一个属于自己的微信公众号。

第一步,小组成员按照自己的兴趣讨论及确定公众号的主题内容和名称,教师在此期间可以指导学生完成以下准备工作:

首先,确定微信公众号主题。选择主题是实践的第一步。选定主题这个环节教师应给予学生极大的自由,让学生自主地提出自己感兴趣的主题。主题确定以后,教师应引导学生做与该主题相关的竞品分析,通过竞品了解该主题目前在市场上的状态,分析该主题与竞品之间的差异性,找出该主题的创新点。如网络上没有相关的竞品,则需要着重分析此类主题的微信公众号的市场前景和目标用户。

其次,申请微信公众账号。申请微信公众号看似是一个非常简单的步骤,其中却有不少值得注意的地方,例如微信号、名字、头像的选择都是不可忽视的部分。在学生对自己的微信公众号命名时,教师可从名字的认知成本、搜索便利等方面对学生进行指导。

最后,撰写微信公众账号运营策划案。新媒体发展至今我们已不能将微信公众号视为一个单一地传播信息的媒体,而应将其当作一个能够满足用户需求的产品。教师应加强学生的产品思维,让学生将自己的微信公众账号当作一个产品来运营,小组成员应带着产品思维对成功的自媒体的运营方式以及自己微信公众账号的目标用户需求进行更深入的分析,书写一份完整的微信公众账号运营策划书,通过这份策划书,明确微信公众账号的产品定位与目标用户的特点,只有这样才能留住大量的目标用户。

第二步,学生开始正式运营自己的微信公众账号,教师可以在此过程中与学生共同探讨相关的理论问题。

问题一:有关微信公众账号内素材信息的收集。

在撰写文章的过程中,学生应将课堂中学习的多种网络信息收集的渠道运用到实践中,在收集相关信息的过程中,要查清信息来源,判断信息要素是否完整,与其他相同类型的稿件进行对比,从而以此判断信息的真实性,以免将虚假信息发布至自己的微信公众账号中。另外,教师还可引导学生将自己的微信公众号主题与热门事件相结合,这样可以保证微信公众账号内文章的时效性,更容易得到其他人的关注。

问题二:文章标题的选择。

在新媒体编辑中,文章标题的选择是非常重要的一环。在进行标题选取时,应该用最精炼的文字去概括最重要的、最有价值的内容。除了概括主要内容外,标题还需要通过突出文章中有趣、生动、夸张、能够吸引用户的部分来吸引用户的点击,但是切记不能做"标题党"。有一些自媒体为了吸引用户的点击获取一定的流量,使用一些跟文章内容无关、过于夸张、断章取义的短句来作为文章的标题,更有甚者,使用一些涉及黄赌毒的词汇,通过这样的方式确实可以为文章吸引一定的流量,但是当用户看过文章之后就会发现文章与内容不符,导致读者对自媒体的不信任,造成较差的用户体验,是一种得不偿失的行为。学生可以尝试使用正确的方式来选取自己的文章标题,通过反复的练习,从理论和实践中总结哪类标题更能吸引用户。

问题三:微信公众账号文章排版规范。

好看的排版使文章看起来更加整洁,用户阅读起来更加舒适。由于微信公众账号主要服务于移动设备的特殊性,所以其排版与PC端有一些差异。例如:字号过大显得画面不精致,字号过小用户阅读起来会有些吃力,一般建议使用14px-16px大小的字体。同类型的设置,还包括:行距为1.75倍、段与段之间空行、段前不用缩进字符、边距尺寸为0.8cm、标题的样式统一,等等。对于这些多而杂的数据,学生只靠课堂讲解很难记忆和理解,通过实践来帮助学生记忆是一个比较好的方法。

第三步,学生对自己运营的微信公众账号进行推广,教师可以借此与学生一起对微信公众账号进行运营。这一过程可以帮助学生更准确地理解运营的相关理论知识,更好地将理论应用于实践。例如有关用户数据的学习,学生需要收集微信公众号竞品的用户数据,将微信公众号名称、文章标题、发布日期、是否为特殊节日、发布时间、阅读量、点赞数等数据做成一个excel表格,通过这样的方式,分析目标用户喜欢的文章类型、合适的推送时间,等等。

在运营的过程中,学生也可以根据微信公众账号中显示的用户阅读、转发量、点赞的数量,了解自己发布的哪些文章是更受读者喜欢的或吸引用户点击的。例如:文章点击率高但是转发率低,可能是文章的标题取得很吸引人,但内容并不足以吸引用户。通过分析受欢迎的文章与相对不受欢迎的文章之间的区别,学生可以总结出目标用户喜欢的文章类型,从而写出更吸引用户的文章。

(二)"互联网+"背景下"新媒体编辑"课程的改革成果

1.激发了学生的学习兴趣

传统课堂以老师为主,而实践突出了学生的主体地位。从微信公众账号的建立到主题的确定再到发布第一篇文章,获得第一个粉丝,第一次阅读量突破500人次,都是学生一点点努力的成果。这些看得见的成果会激发学生的兴趣,使学生自主地提升对自己的要求。例如某一篇文章的阅读量是100人次,下一次他们会更有积极性想要达到200人次的阅读量,每一个收获都会激励学生做得更好。学生在实践过程中得到了乐趣,能力也会不断得到提升,这是一个非常好的良性循环。

2.学生的实践能力明显提高

以武汉传媒学院2015级网络新媒体专业为例,"新媒体编辑"课程一共8周的时间,全班学生32人,一共分成8个小组,每个小组都选择了自己的主题,根据自己小组的主题,每周推送一篇文章,阅读量最高的一篇文章曾达到5000多人次阅读量,平均阅读量在200至300人次。通过这样的方式,学生能将学习到的理论知识及时地运用到实践操作中,再将其转化为具体的数据。通过这些数据,学生不仅能返回去验证理论知识在实践中是否实用,还能直观地了解课堂所学的理论知识。当整个流程结束后,学生不仅对理论知识有了更加深刻的理解,也锻炼了自身的实践操作能力,对整个过程也有了更加系统的认识。这样的实践课堂不仅培养了学生的团队合作意识,也锻炼了学生的创新意识。

3.实践教学评价体系多样化

传统的教学评价评定学生的成绩往往是以学生的期末成绩或者期末作品作为评价的标准,这种评价方式很难体现学生在整个学习过程中的表现。在"互联网+"背景下"新媒体编辑"课程实践评价中,微信公众账号的粉丝数量、文章阅读量、点赞数量都能作为评价的标准,这是学生贯穿整个课程的努力得到的成果,这种评价方式既能对学生的平时学习情况进行考核,也能对最终的成果进行考核,因此能更加全面地体现出学生在课程中的学习情况。

本文针对以往常规的"新媒体编辑"课程教学过程中存在的实践难的问题,基于"互联网+"的背景提出了在教学过程中引导学生运营社交网络账号的教改方案。在这一过程中,教师从账号创建,到选题与文章内容的价值判断,再到文章格式的排版以及账号的推广与运营,对学生进行全方位的指导,让学生通过实践能够更深刻地理解理论知识以及熟练掌握各种实用的技巧。实际的教改成果也表明,该方案能够激发学生的学习兴趣,使学生积极和高效地学习,同时也能够提高学生的实践能力,实现学以致用的教学目标。此外,基于这一实践教学环节,形成了更加立体和多样化的教学评价体系,将有利于教师更全面地了解学生的学习情况。

独立院校"传播学"课程教学改革与实践初探
Study on Teaching Reform and Practice of Communication Course in Independent College

◆ 杨开源[*]

Yang Kaiyuan

摘要：本文针对独立院校传播学课程的教学现状和问题，通过调整传播学课程的教学内容，探索游戏教学法和案例教学法，对传播学课程进行教学改革研究。

Abstract: According to the present situation and problems of communication course in independent college, the paper makes a study on the teaching reform of the communication course from adjusting the teaching content of communication course, exploring game teaching and case teaching.

关键词：独立院校　传播学课程　教学改革　游戏教学法　案例教学法

Key words: Independent college, communication; teaching reform, game teaching; case teaching

　　传播学诞生于20世纪四五十年代的美国，是多学科分化整合的结果。20世纪80年代传播学被引入我国，现已成为我国高等院校的必修课程。目前，在全国2200多所高校中，开设和"传播学概论"相关课程的高校占全国高校总数的百分之五十。传播学主要研究人类传播活动的演进，信息传播的形态、特点、过程、模式及规律，属于社会科学中理论性较强的一门学科。"传播学概论"这

---

[*] 杨开源，武汉传媒学院新闻传播学院讲师。

门课是新闻传播学所有专业的一门基础课程(新闻传播学类涵盖很多专业,包括新闻学专业、传播学专业、广告学专业、广播电视学、网络与新媒体专业等)。结合自身在独立院校教授传播学课程的经验和对已经结束该课程的学生进行座谈,本文主要阐述笔者对于独立院校传播学课程改革进行的思考和总结。

一、独立院校传播学课程教学改革原因

(一)传播学课程理论多,学生难以理解

传播学是一门边缘综合学科,与新闻学、人类学、社会学等学科都有着紧密的联系。同时,由于传播学是一门从国外引入理论的课程,绝大多数的课程内容都是西方的理论。这就造成传播学课程的理论较多,课程具有一定的抽象性。同时,"传播学教学基本是介绍欧美传播学研究的成果,但经典的传播现象和实验则无法还原给学生",这就造成在日常教学中,理论学习和实践学习的脱节。另外,独立院校的学生基础相对薄弱,课程中过多的理论知识,让大部分学生难以理解,这就增加了学生的学习难度,从而更难激发出学生的学习兴趣,久而久之会让学生的学习陷入"传播学无用论"的恶性循环。因此,我们必须对现有大部分高等院校采用的传播学课程的教学模式进行针对性的调整,解决传播学课程偏理论化的问题,选择学生可以接受的授课模式和教学方法,增加学生的学习兴趣。

(二)传播学课程教学模式传统

目前,独立院校传播学课程的教学还是以讲为主,授课老师在课堂上的大部分时间主要用于理论的讲解。由于前文提及的传播学课程理论庞杂,而目前传播学课程的课时设计一般为32课时,这也导致学生在课堂上接触大量的理论、概念、模式等内容,授课老师也因课时有限而没有办法将理论更多地延伸到实际生活中去。这种传统的老师授课、学生听的教学模式,造成学生对于传播学课程学习的无助和反感,很多学生表示理论在课堂上听明白了,但是课后仍

然不理解,甚至还有学生在一学期结束后都不知道传播学学了什么,学这门课程的意义是什么。在当今的信息时代,我们需要了解信息,需要了解如何传播,如何传播得更有效,信息传播和我们的生活之间是怎样的关系。在英美等西方国家,不仅在大学开设有和传播学相关的课程,更是从高中就开设相关的媒介素养课。我们现在的学生是在信息社会中长大的,传统的授课模式显然已经不适合了。传播学课程只有进行教学改革,探求新的教学模式,才能激发学生的学习兴趣,增加学生的课堂参与度。

(三)课程设置不合理

目前,大部分独立院校的传播学课程主要采用的是普通高等教育"十一五"国家级规划教材、21世纪新闻传播学系列教材——郭庆光的《传播学教程》和新闻传播学系列教材——许静的《传播学教程》。两本教材的具体章节结构如表1所示:

表1　两本教材章节结构

《传播学教程》	《传播学教程》
传播学的对象和基本问题	导论:传播与传播学
人类传播的历史与发展	传播模式论
人类传播的符号和意义	内向传播
人类传播的过程与系统结构	人际传播
人内传播与人际传播	群体传播
群体传播、集合行为、组织传播	组织传播
大众传播	语言与传播
媒介技术与媒介组织	非语言传播
传播制度与媒介规范理论	大众传播的媒介化发展
社会转型与受众变迁	大众传播的组织化生产
传播效果研究	大众传播的管理和规范
几种主要的大众传播效果理论	国际传播与全球传播
国际传播与全球传播	大众传播的研究(一)
传播学研究史和主要学派	大众传播的研究(二)
传播学调查研究方法	传播研究方法

两本教材都各有十五章,如果按部就班地全部讲解,课程课时紧张,学生需要学习的知识过多。这两本教材特别是郭庆光老师的教材是现在绝大部分一本或二本院校使用的教材,教材的难度对于独立院校的学生而言过大,教师在授课的时候需要将部分章节删去,这会给学生造成教材无用的错觉。

二、传播学课程改革方法

(一)游戏教学法

传播学课程虽然理论较多,但是大部分理论都是源自生活的,所以要想让学生短时间内掌握这些理论,应适当地引入一些小游戏。笔者在自己的课堂上尝试用游戏教学法让传播学理论鲜活起来,通过寓教于乐的形式,让学生切实地掌握一些传播学原理。具体的游戏教学法实施注意事项如下:

1.游戏的设计需要简单,容易上手

游戏教学法是在教学的过程中,授课老师将教学内容设计成学生易于接受的游戏形式,学生在游戏的过程中潜移默化地理解与运用相关知识的一种教学方法。在游戏教学法中,教学始终是最终目的,游戏只是辅助工具,授课老师在设计游戏的时候,一定要和教学目标相符。由于课程时间短暂,过于繁复的游戏不适合引入课堂,所以授课老师需要将游戏设计得短小、简单,同时又要注意可操作性。

2.合理控制游戏数量和游戏时间

设计的游戏需要注意能够让全部学生都参与其中,或者是部分同学参与,其余同学观看,而不要形成一部分同学在游戏,另一部分同学无所事事的状态。授课老师在设计游戏的时候需要注意,游戏只是授课的辅助,需要合理控制游戏的数量和时间。避免出现学生只想玩游戏而忽略了从游戏中总结理论的过程。

3.注意总结

游戏教学法在使用过程中需要注意本末倒置问题,不能让学生在课程结束后,只记得游戏而忘记教学内容。所以在游戏结束后,教师需要及时总结游戏,将游戏的结果和传播学理论进行有机的结合,学生们通过游戏可以很快理解并掌握相关理论。

(二)案例教学法

案例教学,是一种开放式、互动式的教学方法,始于1870年左右的哈佛法学院。案例教学是教师以教学案例为基础,在课堂中帮助学生理解和掌握教学内容的一整套教学方法和技巧。案例教学法可以让学生在短时间内,通过有限的信息,结合自己的批判性思维来进行事物分析。传播学课程的理论性强,知识抽象,通过案例教学法可以增加教学的趣味性,有助于对学生能力的培养。案例教学法的开放性可以提升学生多角度思考,案例教学法的合作性可以促进学生的团队合作能力。学生在分析案例的同时激发了自己的潜在能力,这有利于培养应用型人才。

1.课程案例注重时新性和经典性

随着互联网的发展,学生们将会第一时间了解到社会热点,如果将传播学课程的案例和当下社会热点紧密联系起来,则会增加学生对案例的熟悉度,从而提升学生的参与度。例如:2018年开年,中央电视台的《经典咏流传》节目受到广泛的好评,很多学生也非常喜欢看。该节目将经典诗词通过编成新曲的方式重新赋予其生命力。而该节目之所以会受到如此好评,主要是因为节目注重了声音的魅力,结合口语传播的特点,学生可以更好地理解口语传播的优点和缺点。再例如,当我们讲到大众媒介的发展时,会讲到广播的特点。现在的学生对于广播在过去的影响力并不是很了解。教师可以通过播放《国王的演讲》中的部分片段,从而展现在"二战"时期,广播的影响力巨大,进而让学生可以很快地掌握广播的传播特点。传播学课程中还有许多经典案例,这些案例是学生在课程学习中所必须掌握的。例如,1938年,美国哥伦比亚广播公司根据科幻小说改编的广播剧《火星人入侵地球》,使上万听众误以为是真实的正在发生的事情,引起人们的恐慌。在对经典案例的讲解时,教师需要重点讲解案例发生时的社会背景,从而让学生可以更好地理解为什么会出现该现象,以及这种现象在当下社会还会不会出现。上文提及的《火星人入侵地球》之所以会引起受众恐慌,是因为在当时的社会环境中,人们对于媒体的接触有限,并且对媒体有一种敬畏感,这和我们现在所处的媒介环境是完全不一样的。

2.课程案例注重参与性

传统的案例教学法是让学生自己进行案例分析,并在课堂上公开展示。传播学课程包含很多实验案例,对于这些实验案例,教师可以逐步还原实验过程,让学生参与其中。例如:拉扎斯菲尔德的伊里县调查,我们可以在课堂上进行变形实验,实验内容从总统选举变成明星选取,请一部分同学担任某明星的宣传工作,一部分同学担任调查员,剩余同学作为被调查对象。通过一节课的宣传,统计被调查对象前后态度是否发生转变,以及发生怎样的转变。学生通过亲身参与,将会更加信服相关的传播学课程理论。

3.课程案例注重案例库建设

案例教学在传播学课程的教学中占有很重要的位置,好的教学案例可以快速启发学生,让学生对于传播学理论的掌握更加扎实。所以在传播学课程的教学中,教师必须组建自己的传播学课程案例库。除了已有的经典案例外,教师还应该结合学生的学习状态,将一些教学效果好的新案例及时收录其中。这样随着教师教学经验的增加,案例库的内容越来越丰富,教学效果也会不断提升。

三、游戏教学法案例

笔者结合自己的课堂教学经验,介绍几个教学效果较好的课堂游戏。

游戏一:自我点评

讲授镜中我理论时,可以让学生每两人分为一组,每个学生用五个词语对自己的外貌、性格、爱好等方面进行总结,同时也对自己的同桌用五个词语进行点评。

表2 游戏一:自我点评

时间进程	游戏进程
3分钟	同学们各自写总结和对同桌的点评
5分钟	每组同学互相看看同桌对自己的点评,和自己写的是否一致
5分钟	请几组同学公开展示他们的自评和对别人的评价,并请他们谈谈当得知同桌对自己评价时的感受

游戏总结:结合镜中我理论的三个阶段:感觉阶段(我们所想象的我们在别人面前的形象)、解释阶段(我们所想象的别人对我们的这种形象的评价)、自我反应阶段(由上述想象中产生的某种自我感觉),笔者设计出这样的一个游戏,让学生明白我们的自我认知来自社会的人际互动以及他人的感知,人的行为在很大程度上取决于对自我的认识,而这种认识主要是通过与他人的社会互动形成的。

游戏二:你画我猜

讲授符号的定义前,提前准备好几组词语,这些词语涵盖学生的学习和生活等各个方面。学生每两人一组,一人负责猜词,一人负责提示。提示词语的时候不能出现词语本身,也不能出现同音词语。

表3 游戏二:你画我猜

时间进程	游戏进程
2分钟*4	每组同学限时2分钟,进行你画我猜
1分钟	教师对用时最短的组进行嘉奖

游戏总结:这个游戏主要是让学生掌握符号表达的概念。符号是信息的外在形式或物质载体,是信息表达和传播中不可缺少的一种基本要素。日常生活中之所以需要用符号来表达事物是因为人类可以抽象出这种事物的共性,同时人不可能随身携带自己要表达的东西,必须要找个替代品。学生在猜词的过程中,就会主动选择用各种方式来表达这个词语,这本身就是对符号表达的一种集中运用。

结　语

　　传播学的知识体系具有偏理论性的特点,但传播学却是一门应用性很强的学科。教师在教学的过程中如果能将抽象理论转化成学生的传播实践能力,传播学课程的价值将会真正得到体现,学生在学习的过程中也会更加轻松和投入。这对学生后期的学习和发展都是非常有意义的。针对现在独立院校学生学习传播学课程的状态,传播学课程的教学改革迫在眉睫。为此,教师应该在熟悉教材的基础上,将教学与科研有机结合,改变传播的教学模式,不断探索新的教学模式,将游戏教学法和案例教学法引入课堂,鼓励学生真正走进课堂,融入课堂。我们希望利用课程教学改革,解决目前独立院校传播学课程存在的问题,为培养社会所需的复合型人才做出自己的贡献。

参考文献

[1]杨先起.《传播学概论》教学中引入PBL教学模式初探:一种基于媒介素养教育的考验[J].新闻世界,2009(09):188-189.

[2]黄肖肖.传播学课程教学改革研究[J].科教导刊,2013(05):119-140.

试论"过程性考核"教学方法的操作路径及其价值

The Discussion of Operational Path and Value of the Teaching Method of "Process Assessment"

◇ 付 静*

Fu Jing

摘要：在国内高校大类招生的背景下，地方高校面临着转型发展，其首要解决的是基础课程创新。在基础课程的创新实践中，"过程性考核"教学方式打破了传统教学理念，突出强化"过程"的意义，采取"逐层通关"的趣味方式，将研究命题分为若干阶段来实施，这既激发了学生的想象力和创造性，又提高了学生的动手能力与实操水平，收到了良好的效果。本文以武汉传媒学院的设计类基础课程"造型语言研究"为案例，探讨"过程性考核"教学方法的具体实施及重要意义，以期为传媒教育的教学改革提供可供参考的价值。

Abstract：With the background of enrollment of colleges and universities in China, because of the transformation and development, it is significant to deal with the innovation of basic courses. In this innovation, the traditional way has been broken by "process assessment" and strengthening the meaning of "process"—Layer by layer clearance that divided into several stages, which not only stimulates students' imagination and creativity, but also improves students' practical ability and operational level. This paper choses the basic course of design in Wuhan Media College for a quote.

---

* 付静，武汉传媒学院设计学院副教授。

And the "process assessment" provids reference value for the teaching reform of media education due to its concrete implementation and significance.

关键词: 过程性考核　逐层通关　教学改革

Keywords: Process assessment, level by level, teaching reform

地方高校的人才培养是以社会需求为导向的,通过结构化课程逐步提升学生的专业能力。对学生的培养不只是要让他们掌握知识,更重要的是提高学生的创新思维能力和实践技能。传媒高校一年级开设的设计基础课程,主要是搭建学生系统的基础知识框架,培养学生的创新思维与实践技能。在这方面,各大高校都在尝试不同的方法和举措,其中,武汉传媒学院引入了"过程性考核"方法,取得了显著成效。所谓过程性考核,主要是重视学生过程式思维技能的培养,采取"逐层通关"的趣味方式,将命题项目分阶段进行,通过课堂考核后进行下一个阶段学习,要求学生掌握每个阶段的知识训练过程,达到最终考核性训练目的。本研究试图以"造型语言研究"的过程性考核教学实践为案例,探讨该方法的实践过程及其意义。"造型语言研究"注重过程的启发与训练,教师把握课堂的主动权,根据学生获得知识与技能需要的思维方式,有效地调整教学方法,按照启发式思维流程对课程作业训练方式进行改革,启发学生们学会思考、提出问题并按照流程完成学习任务。在此过程中强化学生自我提问、自我启发、自我思考的能力。我们希望以此教学改革的创新举措,打破传统教学模式,对教学过程方法进行系统探究,进一步促进设计类课堂教学改革的深度,从根本上促成创造性教学思维方式的内在改变。

一、传统教学模式的主要症结

在尚未进入过程性考核之前,"造型语言研究"的考核方式是对立体造型装置制作与成型进行考核,这种方式对平时课堂教学过程质量的监控比较薄弱,忽略了对学生基本知识点的训练成效,而学生后续的教学实际成品效果不能得到保证,同时约束了整个教学过程的组织行为,导致学生的参与积极性不够、实践实操性不强。可以说，传统意义的教学方式存在诸多问题，主要表现在三个方面：

第一，缺乏"维度"造型过程的理解。"维度"造型是对立体空间造型概念意义上的联想，给人们提供更大维度的创造空间与想象。"维度"造型对于从事造型艺术与设计的人来说有很大帮助，能够提供更多的探索意义与研究价值因素。一件好的作品，让人们观看之后能产生广阔的联想，从视觉语义层面推导出更为深层次的寓意，这种联想是源于生命而又高于生命的精神满足，不受时间、空间的限制。而传统教学中缺乏对过程的解读，导致学生对现代维度空间观念难以理解，尤其是对那些立体的作品更是难以把握，从而无法准确地理解传媒艺术所创造的多种维度。

第二，缺乏"材料"实践过程的探究。学生获得知识与掌握技能，需要具备思维过程、思维方法及实践动手能力，而现在的学生往往缺乏创新思维与实践技能，缺乏在过程训练中对"材料与空间"知识的理解。教学任务欠缺细致安排与任务分解，导致学生容易关注材料的形式美感，而忽视了材料的易于再加工成型特点。通过阶段性过程实践，探究空间形态创造的无限可能性，强化空间营造中人类感官对材料的刺激反应，强化作品本身所具有的情感，可以加深学生对作品的理解深度。

第三，缺乏"生命力"维度过程的思考。了解自然形态形成的过程，同时赋予自然形态的生命力感，就如同要创造一个空间构成维度形态，要赋予它设计意念，赋予它生命，这样它才具有美感。所以对于空间感与生命力阐述的理解，是思考过程的延续。而在传统的教学过程中，往往过于强调造型外在的形式，对作品生发出的联想以及文化意义的解读过少，导致学生只理解作品这个物质性的载体，而忽略了其内在的生命价值。所以，对于传媒设计类课程而言，不仅要掌握一些基本的方法，还要引导学生思考每件作品与作者及其社会环境之间的关系，这样才能有效地挖掘作品深度。

二、"过程性考核"的操作路径

"过程性考核"的教学理论思想源于布鲁斯对教育认知目标分类的理解。

教育认知目标可归纳为五个方面,即记忆、分析、综合、判断和运用;同时体现出两个不同层级的教学目标:低级知识层级与"记忆"知识相关,高级思维层级与"分析、综合、判断、运用"这四个方面的思维能力有关。而"过程性考核"强调的是一种高级思维的有效运用,对学生阶段性学习成果进行多方面、不同形式、分阶段的考核,其目的在于改善大学生的学习态度认知,改变学习方式方法,提高学习的积极性以及实践能力。换言之,"过程性考核"采取"逐层通关"趣味教学方式,营造小组过程性研讨交流,强化学生的过程性思维,从而把加强知识学习和实践能力联结起来。

"造型语言研究"的过程性考核教学方法首先面向的是2016级视觉传达设计专业学生,针对实际教学课题进行训练,以"十二生肖"为教学研究命题,让学生收集一组最喜爱的动物图片,并用一组形容词来概括动物的特征和自己的感受,通过"过程性思维导图"分析与设计方案推敲,将此动物简化、概括,进行抽象形态的立体造型表现,完成草图本⇒图纸⇒草模⇒正稿模型过程性设计呈现。此命题训练突出了教学改革的重点,解决学生根本性思维转化这一问题,实现平面造型思维向立体造型思维转化,掌握"具象形态→抽象形态"的构造方法,把握"形态规律→多种形态"创造性,达到"形似变化→神韵变化",培养学生实际的造型语言转化及应用的能力。这一教学方法充分关注对学生形式思维的开拓和表现能力的培养,在教学过程中启发学生自主掌握知识,体验真实,解放形式思维,在实践中达到一定的教学目的,完成预定的教学任务,提出自己新的课程观念及想法。

整个教学改革过程最大的特色是"逐层通关"教学模式的展开:阶段性过程启发式教学⇒训练环节逐层关卡设置⇒关卡成绩/环节内容细分。采取阶段性过程逐步启发推导的教学方式,在课题训练的教学环节设置中,以"主题性导入⇒穷尽搜集⇒思维爆发⇒过程分析⇒动手实践⇒反复推导⇒发表过程⇒环节记录"过程展现,围绕主题进行思维推导分析,以学生的思维过程图示、作品思考过程等进行系统呈现,有效激发了学生的想象力和创造性,并提高了学生的动手操作能力。

而在整个通关过程中,特色关卡设置是最能体现过程性的一个环节。将命题项目分阶段实施,每个阶段为一个过程;通过课堂考核后进行下一个阶段的学习;掌握每个阶段的知识训练,达到考核性训练目的。在整个过程中,共设置了四个关卡。

关卡一:主题导入,穷尽搜集。通过对课题的分析思考,穷尽搜集所有与之相关的资料,目的在于改变学生的学习方式,将被动接受知识变为主动学习,从而培养学生的自主性与创造性。比如,引导学生搜集所有与动物相关的视觉图片,如图1所示,感受事物的整体与局部的形态特征,观察事物的肌理、质感、纹理、光感变化,将搜集的素材在草图本拼贴起来进行过程分析,提高学生的创新思维能力。

图1

搜集所有与动物相关的触觉图片,如图2所示,模拟其肌理质感,通过触感深入感受对动物的理解,比如有纹理的木头、树皮等材质,突出训练过程与思维启发方式,也可尝试搜集相关触感材料,如铁丝、麻绳、棉线、毛线、粗细不同的木条等,反复进行实践,从全面的角度思考问题,反复进行推导,记录自己的思考过程。

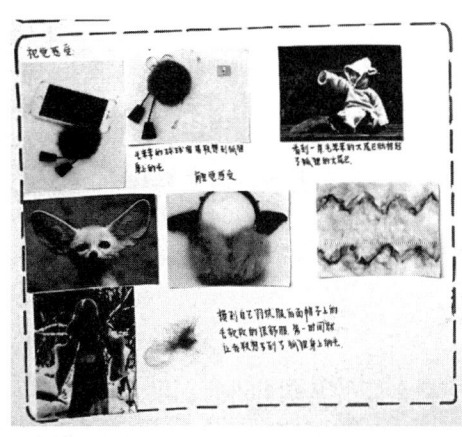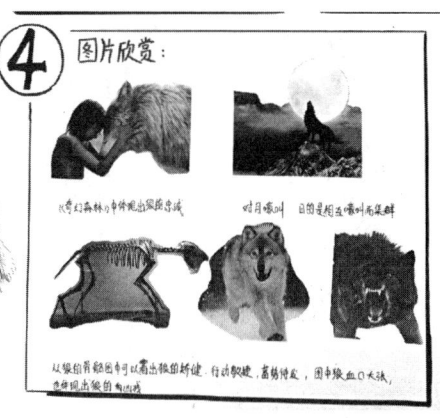

图2

利用头脑风暴的思维方式进行文字推导搜集,如图3所示,从动物的生活习性、相关成语、语境联想等方面出发,充分运用创造性思维延展其深层次的语义联想。

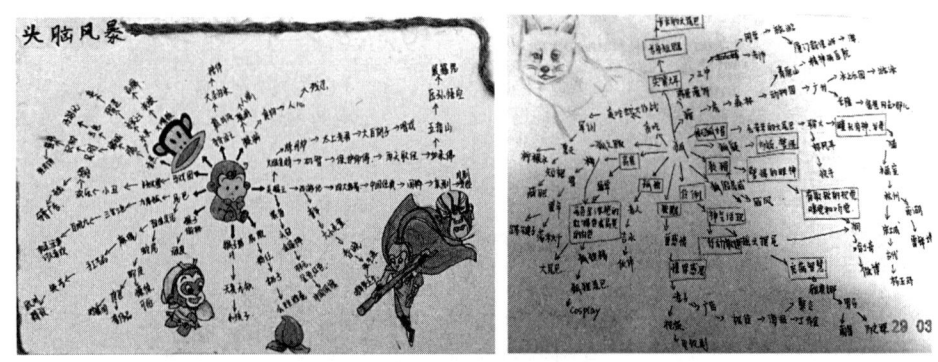

图3

通过解读字典字形、语义进行推导搜集,如图4所示,从繁体的十二生肖字形演变出发,从金文、甲骨文出发,从动物成语出发等,充分理解各种变形字体中对于图形语义的塑造,更好地搜集变形素材诠释新的理解。

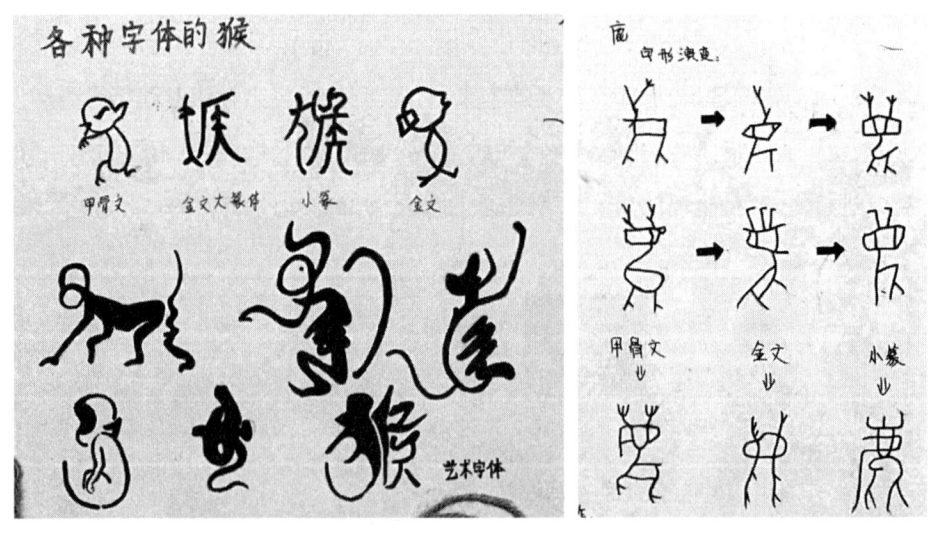

图4

关卡二:思维爆发,过程分析。在关卡一训练的基础上进行深度分析,以过程性思维技能培养为主,营造研讨式教学过程,改变传统的授课方式,突出以学生为主体的过程分析与思维相结合,将思维实践研讨性过程作为教学活动主体,促进教师重视学生知识结构的重新塑造,拓宽教学内容的深度与广度。开展以"形态特征"为主的思维过程分析(局部或整体)、以"字形语义"为主的思维过程分析(局部或整体)、以"神韵感知"为主的思维过程分析(局部或整体),如图5所示。

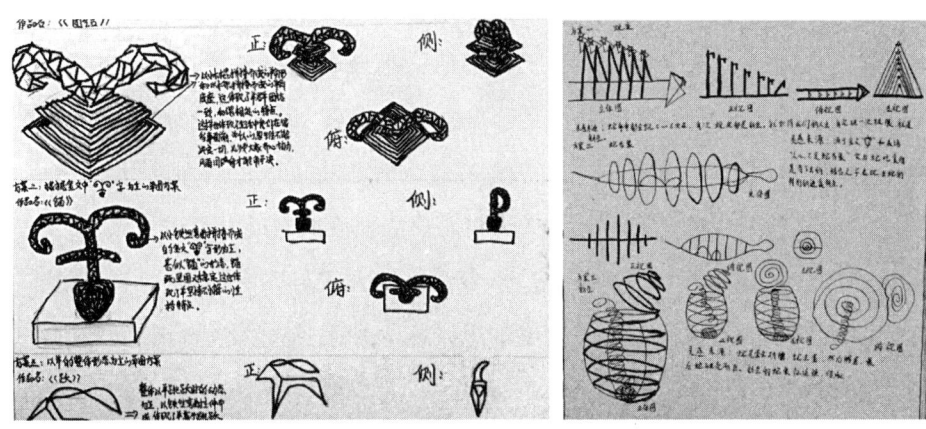

图5

关卡三:动手实践,反复推导。在关卡二训练的基础上继续进行过程性考核,让学生对之前方案的构思运用材料进行草模实践推敲,完成3个以上的草模形态实践,亲自对材料进行选择、感知、实践,对造型形态、力学结构、立体支撑进行实践,经历从发现问题、分析问题到解决问题的过程,学生在尝试、感知、实践、领悟中强化自身的专业实践能力与认知能力,如图6所示。

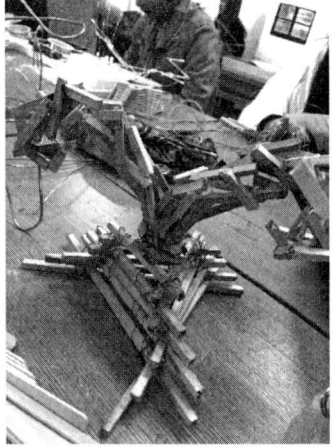

图6

关卡四：发表过程，环节记录。在关卡三的动手实践基础上继续进行发表过程记录环节，让学生将自己的多个草模作品、正稿作品同时进行比对、分析，找出问题并反思，记录完成图纸的过程，对照整个分析过程，完成最终作品发表，进行阶段完成质量等级评分、阶段过程发表等级评分，如图7所示。我们发现不同的学生或者小组根据课题实验研究，对同一类问题提出了自己不同的看法与意见，在整个过程中能够将自己的想法清晰地表达出来，同时将自己的探究思考过程展示分享给同学们听，其过程由集体讨论、研究、辩论、思考组成，这使得过程性得到更加完善的体现。教师在整个过程中可以适当加以引导，鼓励学生，肯定其长处，及时指出不足之处，加强营造融洽的沟通学习讨论氛围。在这一过程中，教师与学生共同探讨造型多样化的方式与方法，学生对自己的作品予以修改和完善，对整个空间维度的思维能力和表达能力进行训练，教师进行及时的指导和评价。

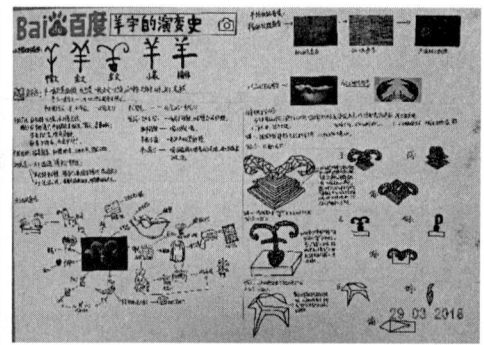

图7

在此过程中需引入更加灵活多元的授课技巧，启发学生主动表达，鼓励学生进行多样化的思考，使学生沉浸于主观创意的轨迹之中，在实践中达到教学目的，完成预定的教学任务。

三、"过程性考核"的重要意义

在基础类课程中引入"过程性考核"这一创新性的教学方法具有不可估量

的重要意义,主要表现在四个方面。

第一,打破了传统教学模式,促进了课堂教学深度改革。在教学思维方式上,从根本上解决了课题训练中知识点衔接的问题,将作业设置细化到每个阶段的训练之中,达到以点击面;通过营造研讨式的教学氛围,促进教学相长,尤其有利于新媒介环境下的课堂教学。此外,在课程中演练了专业命题的整个过程分析,让学生掌握了基本的设计流程思维方式;同时激发了一年级学生的思维与创造力,突出对学生的过程性思维进行考核训练,活跃了专业课堂教学,取得了一定教学成效。

第二,避免了结果性的强势导入,探索注重过程的启发与思考教学,根据学生获得的知识与技能所需要的思维过程和思维方式,按流程与方法提出相应的启发式问题,启发学生思考和自我提问完成学习任务,并逐步过渡到让学生自我启发、自我解答完成任务的教学创新。

第三,激发了学生的想象力和创造性,提高了学生的动手能力。该课程教学改革创新实践的成果将以课程展览的形式重点呈现,着重突出"过程性考核"命题的训练过程与方式展现,以学生的思维过程图示、作品思考过程等进行过程展现,充分发挥了学生的联想性、创造性。此外,通过强化过程中的参与性,让学生能够积极参与到课堂的讨论以及实践中,改变了"眼高手低"的现象,极大地提高了他们的实践能力。

第四,在专业基础课程教学研究的深度与广度方面推进一步,对于后续课程导入专业项目课题训练方式有一定的启示与帮助,最大限度地引导学生自主掌握知识,分解项目过程,在实践中达到了一定的教学目的,完成了预定的教学任务。

四、余论

在"过程性考核"的实践中,仍然存在一些问题有待我们去思考,比如学生对于"形与意"的造型表现还需要加强,"具象到抽象"的视觉思维转化训练需加强练习;在课题设置难易程度的控制方面,课题的选择与兴趣度方面,选择的内容可更加符合当下大学生的兴趣与关注点;学生在最终作品的呈现与制作方面欠缺对材质、力学、结构的合理考虑,等等。因此,更需要从本质上加强实践与训练,根据推导过程中出现的问题进行自我磨合与反思,充分关注对学生形式思维的开拓和表现能力的培养,注入更加灵活多元的教学方式,启发学生自主掌握知识,体验真实,解放形式思维,在实践中达到一定的教学目的,完成预定的教学任务。

当然,"过程性考核"教学方式不仅适用于设计类基础课程,对于整个传媒教育乃至所有的人文社会科学教育都具有普适性。大学教育的核心在于人才培养,尤其在新媒体这一环境下,地方高校的人才培养更需要以社会需求为导向,通过人才培养模式的改革推动地方产业转型升级。作为人才培养的重要环节,课程教学体系改革与建设要以社会发展为依据,构建完整的"生态系统"学校文化,培养学生的创新思维能力与实践技能,使学生主动尝试、实验与探究。在"过程性考核"教学轨迹之中,我们需要为教育教学引入更加灵活多元的教学方式,超越程式化的教学手法,启发学生自主掌握知识、体验真实和解放形式思维。

参考文献:

[1] 史静寰,涂冬波,王纡,吕宗伟,谢梦,赵琳.基于学习过程的本科教育学情调查报告(2009)[J].清华大学教育研究,2011,32(4):9-23.

[2] 罗燕,史静寰,涂冬波.清华大学本科教育学情调查报告2009:与美国顶尖研究型大学的比较[J].清华大学教育研究,2009,30(5):1-13.

[3] 岳清唐.基于任务驱动的探究性研讨课探索体会[J].法大教育教学研究,2008(1).

[4] 马海燕,熊英,杨飞.高校教师教学全程动态评价体系的思考[J].教育教学论坛,2016(50):210-211.

[5] 周湘林.以学生学习为核心的高校教师教学评价方法创新研究[J].现代大学教育,2017(01):93-97.

[6] 朱华梁.论高校教师教学有效性的发生过程:从教师"教"的视角[J].大学教育科学,2008(06):55-58.

传媒人才培养

新传播生态下广告专业应用型人才培养的现状与路径

The Current Situation and Path of Training Applied Talents in Advertising Field under the New Communication Ecology

◈ 陈贞旭*

Chen Zhenxu

摘要：新媒体技术的出现深刻地影响着整个广告产业,颠覆了传统的广告传播生态,进而改变了广告业的运营格局。广告环境的革新使广告人才的需求也相应发生变化。本文着重分析近十年,新传播生态下的广告专业应用型人才培养体系中存在的突出问题,并在此基础上提出了创新的具体策略。

Abstract: The emergence of new media technology has a profound impact on the entire advertising industry, subverting the traditional advertising communication ecosystem, and thus changing the operation pattern of the advertising industry. The innovation of advertising environment has changed the demand for advertising talents. This paper focuses on the analysis of the outstanding problems existing in the training system of advertising specialized applied talents under the new communication ecology for the last ten years, and on this basis puts forward the specific strategies for innovation.

关键词：新传播生态　广告教育　广告人才培养　素质教育

Keywords: new communication ecology, advertising education, advertising talents training, quality education

---

* 陈贞旭,武汉体育学院体育科技学院讲师。

一、新传播生态改变了广告业的运营格局

美国学者大卫·阿什德认为:"在最宽泛的意义上,传播生态指的是信息技术的结构、组织和易接近性,各种论坛、媒介和信息渠道。"从新媒体技术渗入传播环境至今,有别于传统媒体主导时代的新传播生态已经形成。首先,体现在传播形态上的转变,碎片化传播和互联网的去中心化彻底颠覆了传统媒体时代传播链条中媒体的主导地位,人人都可以成为传播原点。数字技术革新了传播技术,加速了新旧媒体的融合,受众的生活环境与信息传播环境之间的界限也逐渐消失,趋于无界。其次是传播观念和理论的创新。从最开始的"新媒体营销"到近几年才出现的"场景营销""病毒营销""IP 营销",广告传播理论的创新背后是以产品为导向的营销 1.0 时代的彻底终结,是以人文精神及情感共鸣为导向的 3.0 时代的全面到来。舒尔茨教授①认为,技术让信息接收者能够控制自己的信息消费,现如今的市场已经由消费者控制——不是营销者,不是媒体,甚至也不是营销事件的策划者。因此,新传播生态中最大的中心是受众自己,以人为中心的传播观念越来越强化,互动、体验成为新传播生态的主要原动力。最后是新传播方式的不断更迭及使用。新媒体平台逐步建立之后,UGC、PGC、PUGC 和公众号营销、直播等自媒体传播为主的一系列新传播方式纷纷出现,前两年数字技术的发展又带来了 VR、AR、人工智能等新的人机互动模式,基于大数据算法的程序化购买广告和 2017 年爆红的短视频营销等层出不穷的新型传播方式,无不体现了新传播生态中技术革新带来的源源不断的环境自我更新能力。

传播生态的更新,居于其中的广告产业运营格局也随之发生了变化:广告出资人身份边界消弭,很多受众在利用新媒体做着免费的品牌传播。数字技术让多维度交互式的传播成为主流,广告主的信息传播活动可以不再依赖广告公司和大众媒体,越来越多的广告主开始选择成立内部创意部门,在缩减营销预算的基础上,改革与广告公司合作的模式;广告公司要善于运用各种媒体形式

---

① 美国西北大学整合营销传播教授,整合营销传播理论的开创者。

和新媒体平台下各种新型的营销方法进行整合营销传播。集团化、整合化、专业化的运作是广告公司发展的必然方向。① 2016 年起,全球最大的广告传播集团 WPP 就开始了营销产业链的整合:横向上,各子公司重组整合,尝试公司间的协同工作模式;纵向上,单独公司内部结构重组,以此迅速提升业务效率,满足数字化时代为客户提供更精准优质服务的要求。融媒体格局凸显,数字技术成为当下媒体格局的新基因,催生新媒体,改造传统媒体,融合全媒体,跨界融合甚至是无界的概念成为广告媒介环境的关键词。数字时代的广告不再像传统的电视广告、平面广告那样有着明确形式,为了迎合受众愿意主动搜索感兴趣内容的使用习惯,新媒体广告可以融合多种艺术表现形式和媒介技术手段,"大广告时代"已经到来。

二、新传播生态下广告人才需求发生变化

广告产业环境的变化直接推动了广告人才需求的发展并导致其出现新的趋势:"互联网+"新媒体人才需求最为旺盛,转型中的传统媒体和传播行业的人才增量几乎全部向新媒体岗位急速倾斜,人才需求岗位全部新媒体化。广告行业渗透在媒体全部子行业,因此人才需求量也位居整个传媒行业前列。传统媒体市场体量与传统业务不断折损,整体人才需求与传统岗位快速下降。这也意味着对于新传播生态环境中广告人才"质"的要求进一步提高。

(一)需要具备新媒体广告创意思维

2011 年知名的 4A 广告公司实力传播就对内部员工提出了"全员数字化"的硬性标准,这就要求员工无论负责的是传统媒体,还是创意、客户,都要对数字媒体相关知识有一定的认知和了解。大数据、云计算、互动营销、精准营销等业务关键词出现后,新的广告创意思维不再局限于传统的视觉传播范畴,而是需要数字媒体技术深度渗透的整合思维。

---

① 黄辉,陈新平.整合与创新:新媒体背景下广告教育的发展出路[J].现代广告,2013(21):16-21.

(二) 需要具备各部门协作的团队意识

正如前文提到的广告产业环境中业务模式发生的变化,传统单个部门集中作业的模式被打破,创意部门要和媒介部门紧密合作,也要和广告主的公关团队打交道,多部门协调作战的模式成为新形势,这反过来要求广告人才具备较为突出的团队协作意识。

(三) 需要媒介融合及多学科交叉能力的通才

融合营销、品牌、公关、文化、艺术等多学科的大广告运作成为市场的现实需要。在媒介融合背景下,具有跨学科知识背景与思维方式,既能掌握图片处理和音视频处理的设计能力,又能够洞悉受众偏好,具有利用文案做病毒营销的写作能力,善于运营线上社区,策划线下活动,增加用户黏性,熟悉数据处理分析,了解各种新型数字媒体技术的复合型广告人才将成为市场新宠。

(四) 需要有不断自我学习、自我完善的能力

新媒体的创新性和更新速度需要广告公司紧跟媒介环境,不停地创新营销传播手段和理念,这就要求广告人才需要具备在岗位上不断自我学习、自我完善的能力,否则很难在风云变幻的媒体环境中准确把握互动传播的脉搏。分众传媒总裁江南春就曾结合自己对行业发展的洞察与实践,提出分众传媒对优秀专业人才的基本界定:具有成功的欲望并勤奋;具有专业精神和能力;具有开放心态和学习能力。[①]

---

① 郑欢.中国广告教育的价值向度:"2008 中国广告教育论坛"的反思[J].广告大观(理论版),2008(04):90-92.

三、新传播生态下广告专业应用型人才培养模式存在的问题

(一)人才培养目标和专业定位

1.应用型人才培养目标定位不明确

广告专业应用型人才培养目标与学术型人才培养目标相比,重在培养产业一线需要的创意制作人才、策划运营人才、公关咨询人才以及媒介代理人才等。广告专业属于交叉学科,包含商业属性、艺术属性以及传播属性,培养方向自然较为多元化,这就需要高校在确定人才培养目标时,既要考虑专业属性,又要根据学校定位明确专业特色。中国科学评价研究中心、中国科教评价网和中国教育质量评价中心联合发布的《2015年度中国大学及学科专业评价报告》中显示,截至2015年,中国国内开设广告学专业的学校共计378所,而这些学校开设的广告学专业均列在新闻传播学类下面,代码为050303,大多下设在各学校的新闻传播学院、文学院、艺术与传播学院等。另据不完全统计,截至2012年,新闻传播类的广告学专业加上下设在市场营销专业(代码:110202)里的广告学专业方向和下设在艺术设计专业(代码:120502)下面的广告设计类专业,全国大约有400余所高校设立广告学专业。可见,目前我国大多数高校是将广告学按照新闻传播类学科进行定位的。2011年,广告学被提升为二级学科——广告与传媒经济,等同于更加强调广告与经济的天然联系,可是很多学校在开设广告学专业时设立的人才培养目标往往没有明显侧重,有的是将新闻传播类课程和商科课程艺术类课程均衡设置,往往使很多学生在毕业时还没有对自己所学专业有一个准确认识,因而不能很好地与社会需求进行有效对接。另外一些非综合类学校由于自身专业基础的限制,师资力量等方面的制约,按新闻传播类申请的广告专业,却只能将培养目标放置在自身能够驾驭的学科定位中,比如部分理工类的学校就更容易偏向实践而忽视学科理论基础的培养。

另外,办学层次不同,人才培养目标却相同的问题也比较普遍。目前在中国,应用型人才主要分为三个教育层级:高职高专、本科、专业型硕士,不同的教

育层级人才培养的侧重各不相同。高职高专重点培养设计制作型人才。本科阶段作为向广告产业进行人才输出的中坚力量,培养方向最多,基本涵盖广告业务的各个方面,原本办学点依托的主体办学层次不同,人才培养目标也应结合自身情况进行差异化定位。然而,部分省属高校和独立学院却盲目跟风,在开设广告专业之初,并没有经过长期的专业论证和理性考虑,就照搬模仿广告专业较为强势的重点大学的人才培养方案,导致这些学校的广告专业学生在学校期间并不能拥有适合自身情况的教育模式,毕业生在用工市场上也并不能占据差异化优势。近几年新出现的专业型硕士是为了满足广告产业需要素质高、能力强的人才而设立的新应用型人才教育层级,但经过几年发展,仍有高校无法平衡专业硕士在学术型人才和应用型人才之间的微妙定位,大多是沿用学术型硕士的培养计划。

2.广告专业定位不适应新的人才需求

应用型广告专业人才培养的方向侧重于市场和产业需求,新媒体时代,"大创意""人工智能""媒介融合""场景营销"等关键词早已彻底颠覆了传统的广告产业,反观众多高校的广告专业定位,大多仍然停留在传统媒体主导时代,锁定向广告公司和广告行业培养人才,这就忽视了广告产业中的另一个主体——广告主,尤其是新媒体技术推动整个广告产业环境的变化,使广告主拥有了更多的传播话语权。广告行业涉及范围也在进一步朝着纵向的互联网经济链条扩展,未来的广告样态趋于"无界",即传统媒介的边界、风格、定位、思维模式等彻底被打破,广告的生存样态也随之彻底改变,有传播的地方就有广告。例如近两年在微博营销圈大火的海尔品牌官微,它背后的运营主导权就在企业新媒体部门,而非第三方广告公司,海尔不仅通过微博运营成功塑造起"海尔君"的品牌人格化,还利用微博平台与用户互动,根据用户反馈生产产品。海尔的转型成功并非个案,目前越来越多的品牌开始自己运营新媒体,如果广告专业定位不进行调整,是不能适应大的媒体环境和市场需求的。

(二)课程体系建设

1.教育理念和手段陈旧,不能与市场需求对接

日本一直采用的是没有专门的广告高等教育阶段,只在企业从业期间进行培训的广告教育模式。与此不同,中国的广告人才培养主要集中在本科及大中专院校的高等教育阶段,高校广告教育的地位自然显现。然而,许多高校在人才培养目标不明确的前提下,无法及时更新教育理念和教育模式。例如,很多学校仍坚持教师课堂授课为主的传统教学方式,缺乏与学生的互动交流,也没有让学生以团队的形式模拟广告业务等实战性训练,更谈不上充分利用多媒体技术和一些社交媒体智能软件进行新媒体广告模拟教学;课程考试仍然采用"一卷定终身",而非技能性评定;毕业考核仍以毕业论文答辩为主要形式,只有部分院校采用毕业论文和毕业设计双选制;还有一些地方类院校因为经费有限,没有足够的条件设立专业实验室和新媒体操作平台;由于业务限制,大部分广告公司和互联网企业均在一二线大城市聚集,那些三四线城市的地方院校自然也缺乏与企业进行合作交流的机会。

原本广告这一学科相对于其他人文社科类专业而言,操作性和技术性是最为明显的特点,但由于教育理念和手段陈旧,学生的实践能力得不到有效提高,不能满足许多用人单位的需求,导致很多企业和广告公司还需花费人力和物力额外对新员工进行教育培训。例如,凭借"杜蕾斯"的事件营销走红的专门利用社交平台做品牌互动推广的公司环时互动,在招聘人才时就不喜欢拥有传统广告公司背景的员工,而更看重是否具备与受众互动的社会化传播思维。正如厦门大学陈培爱教授所说,"我们的广告理论教育与应用教育不够深入,是现实存在的一种情况。正是由于这种不深入,导致中国的广告教育无法迅速壮大,只能通过传统的教育培训来缓慢培养一批又一批的广告人才,由此导致广告教育培养资源单一并且低效"[①]。

---

① 陈培爱.数字化时代中国广告教育改革的思考[J].广告大观(理论版),2011(04):31-36.

2.课程设置不合理,新媒体相关课程开设不到位

目前有很多高校的课程设置依旧停留在传统媒体时期的旧框架中,仍以"传播学概论、广告学概论、广告策划与创意、广告史、广告文案写作、广告经营与管理学、广告媒体研究、广告摄像与摄影、实用美术与广告设计、电脑图文设计、广告效果研究方法、市场调查与分析、公共关系学"等传统的专业核心课程为主导,新媒体相关知识只是在部分章节的学习过程中有所涉及,或是象征性地增设一到两门新媒体相关课程,无法形成适应市场变化规律的、成熟且科学的课程体系。中国传媒大学的初广志教授及其学生团队曾在2013年对全国300多所开设广告学专业的学校发放问卷进行调查,在131份回收问卷中,只有48.1%的被访者表示其所在院系开设了新媒体营销类课程。"新媒体营销相关内容已分散到已有的课程之中"(58.8%)是当下各院校未开设该类课程的主要原因之一。被调查的大部分学校广告专业老师认为最有必要开设的新媒体营销类课程依次为新媒体营销(传播/实务)、社会化媒体营销、手机(媒体)营销、微博营销、数字(媒体)营销(传播)、新媒体广告(创意/策略)等。[①] 另外,相当一部分学校的人才培养方案更新得比较缓慢,周期多为4年,这远远落后于广告业界的更新速度。例如,2016年业界还在流行移动交互H5,2017年短视频又以井喷之势迅速兴起。一些非综合类高校因为学科背景单一,无法开设与广告相关的经济、管理、心理、文史哲等素质教育类的选修课或限选课,这就使课程设置的结构变得重传统媒体、轻新媒体,重技术、轻理论,重专业、轻素质。

(三)师资队伍建设

1.师资结构不合理,缺乏具备新媒体学科背景的教师

目前,中国内地大学的广告教师队伍大多分为三种学历背景:在20世纪八九十年代,广告专业刚刚成立之初进入广告教学最前线的一批教师多是具有文史哲等传统人文社科专业的学科背景,而这部分教师目前也多半成为专业的教

---

① 初广志,李晨宇.数字媒体时代已来,广告教育亟待转身[J].广告大观(综合版),2013(02):33-34.

授或资深专家,工作重心开始转向科研或是行政,不再以授课为主。20 世纪末到 21 世纪初,中国传媒大学、武汉大学等一批专业实力雄厚的大学开始陆续开设广告学和新闻传播学硕士研究点,这也使广告专业的教师学科背景开始逐渐转向科班出身。但由于当时新媒体的影响力还不够,使得研究生层次的培养方案和研究方向未过多涉及新媒体领域。这批教师目前也多是专业的科研和授课骨干。近十年,随着广告学一级博士点的陆续增多,广告专业教师的准入门槛也不断提高,从最初的科班出身硕士到后来的相关学科博士,再到现在对于本硕博学科背景连续性的考量越来越严格。然而,这些因素导致目前广告专业的教师学历背景比较单一,缺乏同时具备新媒体技术、传播学基础和广告学背景的高层次广告人才。

中国传媒大学初广志教授所做的调查就显示"缺乏师资"(55.9%)是当下各院校未开设该类课程的主要原因。新媒体营销类课程教师的最主要来源是本院系教师(95.2%);其次是营销、传播实务界兼职讲师(22.2%)。相对而言,邀请本校其他院系的教师为广告学本科专业开设新媒体营销类课程的情况则很少。[①]

2.年轻教师缺乏实践经验和教学经验,存在"因人设课"现象

正如上文提到的,现如今广告专业教师的准入标准多是本硕博科班出身的博士,且多半看重其科研能力,这就弱化了对于教学经历和业界从业经验方面的要求。早在 2002 年,中国传媒大学的丁俊杰教授就指出:"大部分专业教师教学经验、实践经验不足,只能照本宣科";"很多教师生搬硬套国际上的广告规则,广告理论、操作体系"。[②] 教学经验的缺乏会让很多教师盲目地以"教师主体"且"教师本位"为出发点,在教学过程中忽视与学生之间的互动交流,不了解学生的所思所想,不利于良性的教学氛围的形成。"教师本位"思想还容易导致"有什么老师开什么课"的现象出现,这也进一步影响了人才培养方案的制定和课程设置等环节。实战经验的缺乏则直接影响到学生对业界的敏感度和动手能力,从而让学校的专业教育和市场需求不能顺畅对接。

---

① 初广志,李晨宇.数字媒体时代已来.广告教育亟待转身[J].广告大观(综合版),2013(02):33-34.
② 丁俊杰.我国广告教育存在的几个问题[J].大市场·广告导报,2002(8):52-54.

四、新传播生态下广告专业应用型人才培养的创新路径

(一)确立以素质教育为核心的人才培养目标

广告作为一门交叉学科,天生有着跨学科、综合性、应用性的学科特点。而新媒体技术打通了传统广告与营销、宣传、公共关系等信息交流手段的间隔,新旧媒体融合发展的同时也让广告形态有了进一步的重组和裂变,大广告时代已经到来,新的广告意识与社会、政治、经济之间的相互作用增强,广告产业链条中,广告主和受众的主体地位也得到提升。如果在人才培养目标中一味强调培养具备专业技能且适应广告公司业务的广告人才,则与广告专业的学科属性和目前复杂的新媒体环境不相适应了。因此,在新传播生态下,应该鼓励高校创新人才培养目标,即培养厚基础、宽能力,具备广告相关领域的综合能力,具有大广告和媒介融合意识的广告人才。国内很多专家学者也曾发表观点,支持由"专才"到"通才"这一核心人才观的转变。例如,中国人民大学的倪宁教授在2009年就曾提出,"以'素质'为核心的广告人才观,是坚持'通才'教育为原则,重视基础教育,帮助学生建立专业素质和职业素质并重的结构体系,并且这一素质体系具有较强的专业性、适应性以及自我调整、丰富发展的能力"[①]。厦门大学的陈培爱教授也认为,从美国和日本等发达国家广告教育的发展和经验来看,加宽人文社会科学方面的教学内容,由专才变通才,这一建议已在国内获得较高的认同度。[②]

复旦大学采用的"文史经典与文化传承、哲学智慧与批判性思维、文明对话与世界视野、科技进步与科学精神、生态环境与生命关怀、艺术创作与审美体验"六大通识教育模块的方式值得借鉴,因为这种打破传统学科壁垒,培养学生具有人文精神,领悟不同的文化和思维方式,养成独立思辨和探索习惯的通识教育模式,更符合当下传媒行业跨学科、跨文化、跨媒体的要求,也更有利于提

---

① 倪宁,谭宇菲.试析"大广告"时代的我国广告教育[J].国际新闻界,2009(05):10-13,25.
② 陈培爱.数字化时代中国广告教育改革的思考[J].广告大观(理论版),2011(04):31-36.

升人才紧随媒体变化自我更新的能力。当然,因为办学层次和培养阶段等因素不同,每个学校不可能都按照同一个标准执行,还是要因地制宜结合自身情况进行人才培养目标的改革:一是依据学校情况,有条件地加强通识教育,完善与广告专业相关的通识课程体系建设;二是出于适应市场需求的考虑,着重强调对于学生大广告和媒介融合意识方面的培养,一方面通过相关课程构建方法论基础,一方面运用启发式教育培养学生独立思考分析问题解决问题的能力,以此来应对快速变化的广告产业环境,并实现"授之以渔"而非"授之以鱼"的教育目标。

(二)推进政产学研一体化人才培养模式

据国家市场监督管理总局公布的2017年全国广告行业的核心数据显示,2017年中国广告经营额为6896.41亿元,较上一年小幅增长了6.28%。全年6896.41亿元的广告经营额占国内生产总值(GDP)的0.84%,广告行业从业人员的规模达到了438.1795万人,较上一年增长了12.34%。广告行业处于持续回暖的利好态势中,反观国内的众多高校却仍在关门办教育,并没有大胆走出去和如此庞大的广告市场进行深度融合,真正让广告高等教育和广告市场之间形成良性的互动交流。正如中国传媒大学的黄升民教授所说:"创新其实是一个永恒的命题,从广告教育研究的角度,可以归纳为三个问题。第一,广告专业教育怎么去适应产业环境的变化;第二,大学是个知识装置,社会环境都变了,怎么建构新的专业知识框架;第三,找到自己专业的核心资源和社会实行交换。"[①]

高校的广告教育应该更加重视市场和企业的主体作用,深度推进产学共建平台。首先,学校这一主体应该主动"走出去",与当地的广告公司、互联网企业等建立合作意向,共同为广告专业创建一批学生实践基地,同时选取一批年轻的骨干教师定期到企业进行挂职培训,让学生和教师主体的知识结构都与市场直接相连,并能在一定程度上解决部分大学生的就业问题。其次,把广告公司

---

① 黄升民.转型、聚合与创新:广告教育和广告研究的任务[J].广告研究(理论版),2006(03):14-15.

和企业"引进来",本着互惠互利的原则,一方面让企业实战经验丰富的业务骨干到学校定期开设实践课堂,并与广告专业的老师一起担任学生的"双导师",另一方面与学校进行深度合作,搞好校企联合、产学结合。2017年浙江传媒学院与华策影视合作,创办了二级学院浙江传媒学院华策电影学院,上海戏剧学院也在筹备与阿里影业合作办学的二级学院,武汉体育学院新闻传播学院也与华视传媒合作,共建华视传媒学院。目前,越来越多的传媒专业都在积极探索政产学研一体化人才培养模式,调动企业的积极性,让企业能够着力培养并提前抢占优质人才资源,同时也让学生有了更为真实和自由的实践空间。这样既坚持了以市场为导向,又构建了理论与应用教育良性循环的办学模式。

(三)优化高校广告专业师资队伍

广告人才培养的质量和广告学科的发展离不开高校广告专业师资队伍的建设。因此,应从四个方面入手:一是高校广告专业必须要积极应对新媒体技术带来的品牌整合营销传播、媒介融合和大数据等新趋势,应增加数据分析、数字技术、心理学、管理学等专业背景的师资人才的培养和引进。二是整合校内资源,特别是综合类院校应充分利用校内现有资源,在通识课程体系和专业课程体系建设方面与计算机、经济学、管理学、心理学等相关院系密切合作,实现资源共享。三是加强实践型师资力量的培养及双师型教师队伍的引进,鼓励青年教师到一线挂职,或是以校内实习基地为依托,以骨干老师为核心成立工作室参与广告项目积累经验;或邀请成功的新媒体广告人兼职授课并带徒弟。如华中科技大学实行了广告教师企业短期挂职制,北京大学聘任了刘国基、邓广梼、郭虹等一批国内顶尖广告人为兼职教师,均极具实效。毫无疑问,只有教师具有一定的实操性经验与能力,才能使学生获得切实教益,以适应多媒体广告时代的挑战。[①] 四是差异化定位培养优势师资队伍。一些开设有广告专业的985和211重点院校,尤其是在研究生层次具备资源优势和平台优势的大学,应将为广告教育输出优秀的科研人才和师资力量作为广告教育的主要目标。

---

① 舒咏平.新媒体广告趋势下的广告教育革新[J].广告大观(理论版),2008(04):82-85.

(四)完善通识教育和新媒体课程设置体系建设

课程体系的设置应从两方面入手进行改革。一是按照素质教育为核心的人才培养目标,有序推进通识教育课程体系建设,整合不同院系的教师共同规划课程,彻底打破知识中的学科壁垒,着重强调方法论的培养。比如同样的新媒体通论,传播学专业的教师只负责新媒体传播理论的讲授,市场营销的教师就可以站在营销学角度为学生重点讲解病毒营销、社会化营销等新兴互联网营销趋势,心理学教师则可以从消费者心理出发,为学生讲解如何在互联网时代抓住受众的情感触发点,而计算机教师则可以从产品运营角度给学生讲解在创意内容的基础上合理搭建技术模型。这样一来就突破了传统的通识教育课程只是简单地从知识点到知识点的授课方式,把有限的知识点进行最大限度的延展,从而培养学生自主构建知识体系的思维模式,真正实现厚基础、宽能力。

二是完善专业课程体系建设。专业课程体系的设置需和通识课程体系的设置保持同步,既强调通识教育的理念与整个核心专业课程体系的关联度,又避免部分知识点的重合。另外,专业课程的开设也应结合每个学校的办学层次、人才培育目标等定位,分类进行核心专业课程的设置。例如,2013年天津师范大学的许椿教授就曾提出将目前国内开办广告专业的高校分为三大类:走艺术类招生的技能培训型,主要侧重培养学生的应用设计能力;与广告实务界紧密结合的应用型,也是目前国内广告教育的主流;依托"985"重点大学深厚学科基础的研究型(创新型)。[①] 针对这三大类高校的特点,专业课的设置就应有所区别,技能型的高校在课程设计中可以侧重一些应用电脑软件和平面设计、影视制作等实践操作类课程;应用型高校应本着厚基础、宽能力的人才培养目标,将传播学、广告学、经济学、文学、社会学、心理学、公共关系学与实际操作,艺术修养等课程融为一体;研究型大学则应依托独有的科研条件和学术氛围,在应用型的基础上增加开设更多的研究方法和思辨能力课程。

另外,教材建设也应随着课程体系的改变进行调整。一方面,高校应设立

---

① 许椿.中国大学广告专业教育与人才培养导向[J].广告人,2011(08):44-45.

专项科研经费,鼓励专业教师针对各个高校的培养目标编写符合本校学生实际水平的校本教材;另一方面,研究型大学也应利用科研优势,组织编写一批适合新媒体时代广告专业发展的通用教材,并增加修订的频度来适应广告行业日新月异的变化速度。

(五)推进教学改革,引入启发式教育

新媒体广告自身以及传统广告的后期处理,均需要新媒体的操作技能。而新媒体广告的操作技能,不仅是艺术的,更是技术的,因此需要大比重的实验性教学来予以支撑。从2006年开始,教育部专门设置了"传媒类"实验示范教学中心的评审,其导向即是对实验教学进行权威的引导,而目的则是帮助广告专业的学生在学校期间就能很好地掌握以新媒体广告操作为主的技能,以适应社会需要。① 除此之外,广告专业也应结合自身情况,以广告学会等学术组织为依托,逐步制定慕课管理体系,推选出一批广告学界和业界优秀的教师,推出广告系列慕课,实现师资共享的开放式教育,发挥慕课的优势;丰富教学方式,增加分组课堂实战、市场调查、情景讨论等环节,利用翻转课堂的授课方式调动学生课堂参与和思考的积极性,增强学生团队协作的能力。目前,广告专业的学生在实践方面还是要比传统文科专业学生更有优势,比如每年都有像全国大学生广告艺术大赛、中国大学生广告艺术节学院奖、时报金犊奖等大学生广告比赛可以给广告专业的学生提供一个与企业和市场互动交流的实战平台,而高校可以充分利用这样的实践机会,推进"以赛代考"和相关课程考试改革的实施,突破以往"一考定终身"的闭卷考试方式,用分阶段考评的方式来确定成绩,以此来提高学生参与的积极性,真正将实践融入教学的每一个环节。

另外,要引入启发式教育,培养学生独立思考分析解决问题的能力。与国外主要采用启发式教育为主不同,我国传统的课堂讲授模式大多都是"填鸭式",教师在课堂上占据主导地位,学生完全处于被动地位,这也在一定程度上导致许多学生产生厌学心理,部分学生的思维模式容易僵化,在遇到问题时不

---

① 舒咏平:新媒体广告趋势下的广告教育革新[J],广告大观(理论版),2008(04):82-85.

能将知识体系联系起来解决问题。而广告的创意需要更多的发散思维和联想思维,再加上新媒体时代的广告人才首先就要具备的是更为多元的创意思维,让学生成为主体,教师负责引导思考方向的启发式教育就更是势在必行了。

结　语

新传播生态是一个动态的环境,广告乃至整个传媒产业身处其中也势必会一波才动万波随。只有研究当下广告人才需求的新特点,积极建构符合传媒产业发展的应用型广告人才培育模式,及时更新人才培养目标,跟进课程体系建设,优化师资结构,探索有效的教学方法,才能为传媒产业输送合格的人才资源,有助于产业的良性发展。

参考文献

[1] 许椿.中国大学广告专业教育与人才培养导向[J].广告人,2011(08):44-45.

[2] 丁俊杰.我国广告教育存在的几个问题[J].大市场·广告导报,2002(08):52-54.

[3] 张树庭.广告教育定位与品牌塑造[M].北京:中国传媒大学出版社,2005.

[4] 郑欢.中国广告教育的价值向度:"2008中国广告教育论坛"的反思[J].广告大观(理论版),2008(04):90-92.

[5] 铁翠香.二十一世纪中国大陆广告教育研究综述:以全球化新媒体对广告教育的比较[J].文教资料,2010(10):132-134.

[6] 舒咏平.新媒体广告趋势下的广告教育革新[J].广告大观(理论版),2008(04):82-85.

[7] 黄升民.转型、聚合与创新:广告教育和广告研究的任务[J].广告研究(理论版),2006(03):14-15.

[8] 黄辉,陈新平.整合与创新:新媒体背景下广告教育的发展出路[J].现代广告,2013(21):16-21.

[9] 傅琳雅,赵巍.颠覆与创新:数字时代高等教育广告人才新能力培养的改革[J].声屏世界.广告人,2015(11):143-145.

[10] 初广志,李晨宇.数字媒体时代已来,广告教育亟待转身[J].广告大观(综合版),2013(02):33-34.

[11] 廖秉宜.中国广告高等教育三十年的反思与变革[J].新闻界,2014(02):76-80.

[12] 倪宁,谭宇菲.试析"大广告"时代的我国广告教育[J].国际新闻界,2009(05):10-13+25.

[13] Anne C. Osboren,Jef I. Richards,Billy I. Ross,崔彤彦.当代广告教育的发展趋势分析[J].广告研究(理论版),2006(03):58-65.

[14] 黄升民.关于广告学专业三个关键问题的思考[J].广告人,2011(08):46-47.

[15] 陈培爱.中国广告教育二十年的发展与基本经验初探[J].江西财经大学学报,2000(02):69-71.

[16] 王玉洁,黎泽潮.颠覆与嬗变:新媒体语境下的广告发展策略:2011年中国广告教育第十届学术年会成果述评[J].广告大观(理论版),2012(01):103-106.

[17] 姚曦.学科建设与学术理想:张金海广告教育与学术思想研究[J].广告大观(理论版),2008(04):72-81.

[18] 张亚萍.拓展与坚守:丁俊杰广告教育与学术思想研究[J].广告大观(理论版),2008(01):60-70.

[19] 吴冰冰.广告的诗意与深度:金定海广告教育与学术思想研究[J].广告大观(理论版),2008(05):64-70.

[20] 陈月明.反思与批判:中国广告教育体系重构.当代传播,2012(06).

[21] 金定海,徐进.原生营销[M].北京:中国传媒大学出版社,2016:23-50.

[22] 阿什德.传播生态学:控制的文化范式[M].北京:华夏出版社,2003:20-89.

互联网时代新闻专业人才故事化能力培养的教学策略
——以传播学研究"供给侧"改革为视域的观察与分析
The Teaching Strategy of Fostering the Storytelling Ability of the News Professionals in the Internet Era

◆ 杨 贝*

Yang Bei

摘要：传统媒体时代，新闻故事化的运用已经蔚为可观，故事化能力也被内化为新闻专业人才的一种特殊要求。随着新媒介技术的发展，新闻故事化的表达理念得到强化，表达方式得到拓展，新闻专业人才的故事化能力也因此日显重要。

互联网时代新闻专业人才故事化能力的培养是一项系统工程，涉及教学思想、方法模式、技术手段等一系列具体而细微的问题，既需要宏观原则，也需要有操作指导。对这个问题的研究，不仅有助于从新闻专业人才培养源头上厘清故事化能力的培养方式，也可作为新闻专业教育对网络新闻业态"偏好故事"这一境况的积极回应，提升新闻专业人才满足互联网时代要求的竞争价值。

本文从新闻专业教育人才培养的前沿理念出发，立足当下新闻专业人才教育过程中故事化能力建构、训练、实现等各环节呈现的现实情况，试图提出具有一定可行性的教学策略。

Abstract: There were lots of application of news storytelling in the tradition media era, the storytelling ability is becoming a special requirement for the news

---

* 杨贝，武汉传媒学院新闻传播学院讲师。

professionals. Accompanied by the development of new media technology, the idea of storytelling get more strengthened and the manner get more expanded, so the storytelling ability of news professional is becoming more and more important.

It is a system project to foster the storytelling ability of the news professionals in the Internet era, relate to the teaching ideology, method, technology and so on. A series of specific and tiny issue need to be solved by not only macroscopical principal but also the operation guide. Study of this issue can help to clear the fostering manner of the storytelling ability from the source, can be a actively response to the situation of "story preference" of net news from the news profession education, and promote the news professionals value to satisfy the requirement of Internet era.

This paper starts from the leading-edge ideology, roots on the reality of links of storytelling ability constructing, training, realization etc. in the education procedure of news professionals, and trieds to proposal a feasible teaching strategy.

关键词： 互联网　新闻故事化　网络新闻　教学策略

Keywords： Internet; news storytelling; net news; teach strategy

在新闻学的发展历程中，新闻故事化具有深厚的理论基础，受到普遍认可的是普利策新闻奖得主、记者富兰克林的阐释——"新闻学的本质是故事"，"用故事化手法写新闻，就是采用对话、描写、场景设置等，细致入微地展现事件中的情节和细节，突现事件中隐含的能够让人产生兴奋感、富有戏剧性的故事"。学者李希光在国内较早提出"新闻故事化"，认为"新闻学是一门采集和讲述故事的学问"，"新闻应该尽量追求新闻事件的故事化、人情化和戏剧化的过程，注重细节与现场描写，使新闻一开始就有声有色，能够把读者（观众）吸引住"。

传统媒体时代，无论是报纸还是广播电视，对新闻故事化都抱有高昂的热情，创作了许多脍炙人口的新闻作品。早在普利策主办《世界报》之时，故事化模式就被采用为写作首选，开篇制造悬念，情节跌宕起伏，注重细节化、人情味，贴近性强，深受读者喜爱。20 世纪 30 年代，范长江的《中国西北角》用生动的文字真实还原了当时中国西南、西北地区的时局状况，成为国内故事化新闻的名作。电视新闻最早从美国 CBS 的《60 分钟》栏目开始,在我国则是中央电视台《东方时空》的子栏目《生活空间》,在新闻报道中贯穿"讲故事"的理念,用故事化的手法表现新闻事件和新闻人物,时至今日,新闻故事化的运用已经蔚为可观。新闻人的故事化能力被内化为新闻专业人才的一种特殊要求。

融合媒体时代,技术的发展、理念的革新使新闻业呈现出更丰富、更宽阔的实践图景,新闻故事化被更为广泛地应用于新闻生产、新闻传播和新闻消费的过程中。范·哈克、米歇尔·帕克斯、曼纽尔·科斯特曾在《新闻业的未来:网络新闻》一文中提到,在新的合作形式和新的技术工具配合作用下,将用新闻业中三项关键功能对记者进行评估,在全球化的网络社会中即"(1)数据收集;(2)解释;(3)讲故事"。由此回溯新闻专业人才培养之初,笔者认为故事化能力应作为当今新闻专业学生业务能力考核的一项重要指标予以重视,而故事化能力的培养也应系统化、规范化、科学化。

一、互联网时代新闻故事化能力培养的现实需求

互联网时代的来临,得益于互联网技术的支持和互联网思维的确立,无论是单纯的新闻文本还是复合型的新闻产品,在生产和传播中都更加注重故事化的整体设计与细节处理,使新闻故事化的表达理念得到强化,表达方式得到拓展,新闻故事化再也不是传统媒体的专利。

(一)新闻故事化是网络媒体人的自然选择

新闻故事化是一种形象化的报道方式,即以讲故事的形式报道新闻,注重描绘丰富的细节,刻画生动的人物形象,再现身临其境的场景,交代错综复杂的背景,将新闻事实当作一个故事娓娓道来。在新闻故事化的实践中,传统媒体已经积累了丰富的经验,尤其是广电媒体,更是凭借丰富的视听体验把新闻故事化推向高潮。我们熟悉的《焦点访谈》最开始定位于"实时追踪报道,新闻背景分析,社会热点透视,大众话题评说",后更改为"用事实说话",意味着电视新闻着重突出新闻作为一种特殊叙事的表达:以普通百姓为主角,以平常人的视

角切入平常人的所见所听所想所感,聚焦事实本身,展现事实发生发展的自然变化,这些恰恰是观众们所喜爱的。近二十年的经验证明,无论是民生新闻,还是评论节目,做好"新闻故事化、故事人物化、人物细节化",往往既能取得不俗的收视,又赢得舆论导向的主动。2016年两会期间,李克强总理作政府工作报告,央视新闻频道《两会1+1》栏目则把镜头对准了人民大会堂之外的普通老百姓,看他们关心报告中的哪些内容——"我最关注的还是养老,咱们国家老年人越来越多","我最关心的是环保问题,在雾霾最严重的时候,朋友圈经常被刷屏","比较关心经济发展和自己的工资"……节目立意宏大,却反其道行之,从细微处着眼,让普通民众的真实需求与政府工作报告进行相互印证,令人印象深刻。

  传播媒介发展过程中的叠加现象让我们清晰地看到传统媒体与新媒体的融合发展并非后者取代前者,而是彼此交互叠加,媒体融合的结果出现传统媒体的新媒体化或新媒体的传统媒体化。一方面,传统媒体融合了新媒体的功能和特点,但传统媒体的基因并没有发生根本的变化,比如国内外传统媒体机构纷纷构建新媒体平台;另一方面,新媒体充分汲取了传统媒体的价值,保留了传统媒体的优秀经验,希望提升媒体竞争力,比如网络新闻从业者大部分来自传统媒体,早期尤甚,他们深谙故事化精髓,也促使新闻故事化得以在互联网语境下迅速继承与发扬。纵观历年来网络新闻的优秀作品,无一不强烈地体现出传统新闻的诸多痕迹,网络新闻报道逐渐获得国家新闻奖等主流价值的认可,继承和借鉴这些方式在网络新闻中也得到了有力的验证。可以肯定的是,无论是否具备传统媒体工作经验,新闻故事化作为一种屡试不爽的新闻报道方式都值得新闻人继续重视并发扬光大。

(二)互联网技术优势拓宽了新闻故事化的表现

  传统的新闻故事化讲究新闻作品的布局谋篇,注重新闻写作技巧或者拍摄技巧;网络新闻故事化除了继续在文本本身下功夫之外,依靠互联网在交互性、沉浸式、即时化、多媒体等方面的技术基础,探索了许多新的表现方式。比如以下网络新闻类型均表现出明显的故事化特征。

1. 网络非虚构性写作

网络时代即使故事再精彩读者也不再有耐心阅读单调的文字,但网络丰富的多媒体组合以及良好的互动性,使新闻作品呈现出崭新的面貌,提升了新闻的整体质量。2013年,来自《纽约时报》的获奖作品《雪崩》,是一组报道16位滑雪者在美国卡斯卡德山遭遇雪崩惨剧的特稿,颠覆了传统报纸的新闻呈现方式,采用全新的报道技术,把文字、音频、视频、动漫、数字化模型(DEM)、卫星模型联动等集成,发表在《纽约时报》的网站上。

2. 短视频新闻

相较普通视频新闻,短视频新闻因为时长所限,对故事化呈现的要求更高。一是报道主题非常集中,减少不必要的报道细节,省略传统视频新闻惯用的铺陈、解说,让受众可以更快、更直接地看到故事;二是在视频拍摄上,放弃高大全的传统方式,镜头快速移动甚至有时会产生模糊和抖动,现场声音嘈杂而零乱,但在后期编辑时会借助软件加入某些特效,反而更加凸显了新闻故事的真实性和生动性,充分显示了视频新闻在视觉和听觉上的冲击力,带给受众较好的用户体验。

3. 数据新闻

尽管数据本身缺乏故事元素,但大数据不但不影响新闻故事的生成,反而会为新闻的宏大叙事提供可能,诸多优秀的数据新闻作品无一不体现出这样的面貌。从财新网《周永康的人与财》《青岛中石化管道爆炸事故》等代表作品来看,根据故事找数据和根据数据说故事这两种思路非常明显。有研究者认为,数据新闻是"在事实本身之上进行深入的挖掘而获得表面事实背后蕴涵的故事",其生产过程包含五个方面:新闻选题、收集数据、处理数据、可视化、故事化。可见,优秀的数据新闻基本脱离不了故事化的中心特征。

4. 新闻游戏

游戏基于故事,新闻游戏将新闻与游戏结合,既能让受众在参与游戏的过程中获得新闻信息,也能让受众在获取新闻信息的过程中享受游戏乐趣。英国

BBC2015 年发表新闻游戏《叙利亚之旅：选择你自己的流亡路线》(*Syrian Journey: Choose your own escape route*)，这款新闻游戏基于一手新闻素材，网民可以参与流亡之旅，亲身感受战乱的影响。流亡的旅程起点是从低价售出自己位于大马士革的家开始，网民读完一段游戏的文字说明之后，就开始从不同的选择中出发，随着选择的不同，结果也就不同。当然，新闻游戏必须基于真实的故事，目的是让受众在体验游戏的同时可以对照报道进行相应内容的查证，说到底，最终的目的是让承载了新闻故事的游戏成为传达新闻信息的新媒介。

（三）新闻故事化契合网络传播规律

网络新闻把握互联网时代的传播规律从根本上说就是要把握好网民心态，摸透网民的喜怒哀乐和价值观走向，从而做出适应满足或矫正引导的判断。学者张志安通过研究搜索数据分析了中国网民的社会心态，比如 2017 年百度沸点榜单中，"年度热搜榜"的热点事件排行数据，整体刻画出网民对"硬新闻"的关注点主要集中在重大事件、大国发展和科技创新方面，比如"十大国内事件"上榜的十九大、"一带一路"；"十大国际事件"上榜的马克龙当选法国总统、莫迪独立日讲话等；从"十大网络流行语"和"年度文娱榜"的排行结果，可以看出网民对轻松、愉快的心理状态有着普遍的追求。

传统媒体时代，尽管新闻界力求改变居高临下、生硬宣讲式的新闻叙述方式，但中心化的组织结构和垄断化的渠道使得这些改变并不普遍，也不强烈，更不彻底。互联网的到来动摇了传统媒体运营模式，WEB2.0 带来的社交媒体大爆发，使得 UGC 和自媒体开始成为互联网的主要内容生产提供方，与新媒体化的传统媒体一道提供网络新闻产品。这些广受欢迎的全新产品是互联网时代的产物，它们尤其重视网民心理需求，十分注重新闻的软着陆，突出人性化，突出传播力，内容上包罗万象，传播方式上更加多元，新闻故事化的操作理念与技术手段被广泛运用于网络新闻听、说、看、用、玩等诸多方面，极大地提升了网络新闻的传播体验，符合互联网时代的精神特质，符合互联网时代的传播规律——去中心化、草根化、社交化。

《人民日报》新媒体客户端"侠客岛"在时政新闻分析领域独树一帜，它的发起人总结其文字的八条标准为：精妙的文字，奇妙的构思，细微的情绪，宽阔的视野，纵深的时代，悲悯的情怀，坦诚的叙事，机敏的洞察。这些标准看起来逻辑不一，实际上恰恰抓住了网络新闻传播者与受众之间高度融合、互动、分享的传播本质，从而最终呈现出或言辞犀利、或撒娇卖萌、或幽默风趣、或热血沸腾百花齐放的新闻语态。

2014年，网易曾使用HTML5技术设计新闻，在微信中推出《习近平和奥巴马是这样夜游中南海的，你们感受一下》，在朋友圈内点击进入后，出现的是中南海的Q版俯瞰图，并出现主人公习近平和奥巴马的头像。网友亲自使用手势操作，主人公会在中南海内行走，在每一个事件点会有根据新闻制作的两位主人公的对话以及照片，路途中还会播放中南海内景点的介绍，把"习奥会"的场景通过HTML5模拟到朋友圈内。一条时政硬新闻经过故事化的处理就这样巧妙地软化下来，获得了网民的大量转载和点赞。

由此可见，随着新闻理念的不断发展与丰富，网络技术的不断成熟与革新，讲好新闻故事已经成为对网络新闻的普遍期待，对时下新闻从业者而言，意味着更大的发挥空间和更加激烈的竞争。当然，不可否认的是，新闻故事化从诞生之初一直饱受争议，不少人认为新闻故事化有可能会模糊新闻与故事的界限，影响记者、编辑对新闻事件新闻价值的判断，为追求故事性而忽略媒体的社会角色和记者的客观性，使传统的新闻观念受到挑战。网络新闻故事化也必然会遇到上述矛盾，比如在故事化观念的助推下网络新闻的虚假、煽情、复杂、极端化的呈现；为了追求点击量，网络新闻标题往往采用耸人听闻、夸大其词、似是而非的写法；为了在网络上达到病毒式传播的效果，新闻本身或过于强化细节处理，或以极为煽情的方式描述、呈现新闻事实，更有甚者，虚构编造离奇情节；为了追求新鲜有趣，对新闻作品过度包装，过于依赖技术化手段，喧宾夺主，造成资源浪费，等等。如何面对种种失范，建立起适用于互联网传播规律的新规范，既保证网络新闻性质上的客观性、权威性，又发挥其表现上多元、融合、趣味的个性，将是一个摆在新闻人面前不可回避的重要议题，对此，在人才培养过程中我们也必须加以考虑。

二、新闻故事化能力培养的教学策略

在我国,教学与故事化的联系以"教学故事化"理论最为成熟,首见于现代著名教育家陈鹤琴的《活教育的教学原则》(1948年),里面提及"原则十四,教学故事化","教学故事化有两方面的意思,一是教材故事化,二是教法故事化"。当然这一理论是当时针对儿童教育提出的新要求,是从"儿童爱好故事"这一理论基础上产生出来的,因其实践性强、效果显著直至今日也依然被认为在幼教及中小学教育中极具指导意义。故事化教学在高校大学生教育中的运用常见于思政课,要求课堂整体上是一个讲故事的行为和场景,其显著特点是满足学生的需要,增添趣味性和互动性。在新闻专业课教学中,故事化教学手法与新闻故事化能力的培养之间是否存在一定联系呢?笔者尝试做了以下探索。

"网络新闻理论与实务"是武汉传媒学院新闻传播学院开设的一门专业必修课,通过课程教学,使学生能够独立完成网络新闻采访、写作、编辑、制作、策划及运营。在一门课程中要打通网络新闻生产传播的各个环节,需要其他课程的配合与支持,也可以通过确立一条便于理解和操作的主线对教学过程进行精心设计,以保证教学目标的完成质量,这条主线就是"新闻故事化"。

(一)围绕"新闻故事化"进行理论讲解

网络新闻与传统新闻相比,不仅仅体现在传播媒介和传播方式的改变上,互联网的出现甚至重新定义了新闻,因此学生除了需要掌握基本的新闻学原理外,更需要建立互联网思维,在互联网生态系统中思考网络新闻的本质,实践网络新闻的创新。

在网络新闻理论部分,涉及网络新闻的历程、特征、价值、准则、写作原理等相关内容,一方面要让学生树立正确的新闻观,一方面通过新闻故事化引入网络新闻产品的观念,帮助学生建立产品意识。学生接触网络新闻之初,新闻产品意识几近空白,往往仅是孤立地看待每一篇网络新闻稿件。而实际上,网络新闻已经进入新闻产品比拼的时代,新闻故事化不再是一种"讲故事"式的新闻叙述方法,而是已经从新闻写作辐射到了新闻采集、策划、制作、运营等前后端环节。新浪前总编辑陈彤曾在"界面为盟"——中国最大的自媒体联盟"界面联盟"成立暨界面年度战略发布会上说,内容生产只是非常初级的产品素材,有了好的内容仅仅是个开始,好的内容还需要有好的交互、好的产品、好的运营,产品为王的时代已经到来。诚然,新闻有其特殊的使命,不应唯产品论,但随着媒体竞争的加剧,只有建立新闻产品意识方能更好地适应当前的媒体生态环境,最大限度地发挥新闻的作用。前文所述诸多建立在新闻故事化之上的优秀的网络新闻作品无一不是成功的网络产品,在流通领域极大地提高了网络新闻的使用效率并实现了网络新闻的价值。

当然,由于网络新闻故事化过度应用导致的种种弊端,倘若不加以规范,势必影响其可信度和实用性。笔者认为,真实、对话和适度是网络新闻故事化应当牢牢把握的边界。

首先,真实是新闻的生命。无论媒介形态和媒介环境发生什么样的变化,这一点都是网络新闻理应尊重的权威要求。追求新闻故事化,不能动摇真实这一根本原则。其次,网络新闻和传统新闻相比,不再仅仅停留在事实告知或者舆论监督的层面,不再仅仅是信息或者现场,开放化、去中心化的网络环境中,新闻的定义甚至都在发生改变,新闻故事化的目的是为了更好地发现新闻、制作新闻、传播新闻、消费新闻,这些都应在传受双方对话的基础上展开。新闻故事化不是记者编辑舞文弄墨的秀场,而是用以和受众沟通交流的中介。最后,为了避免因追求新闻故事化的效果而滥用技术导致新闻作品臃肿凝滞,网络新闻故事化还必须遵循适度开发的原则,不盲目使用新的技术形式,以免造成形式伤害内容,对受众的注意力形成过度消费。以上观点都必须在理论部分对学生予以强调。

(二)围绕"新闻故事化"进行案例分析

"网络新闻理论与实务"课程选取了大量优秀的案例,为了让学生印象深刻,案例分析建立在其新闻故事化的处理技巧上。

以网络新闻专题为例,本章要求学生掌握网络新闻专题的知识与实践技能,能够以独立或团队合作的方式完成网络新闻专题的策划与制作。网络新闻专题指围绕某一特定新闻主题,设计固定的专门页面,进行文字、图片、声像等即时信息与相关资料的网络集中报道,信息量大、内容丰富、形式多样、报道全面深入,是网络媒体进行报道和宣传的常规武器,也成为网络媒体提高访问量和增强自身影响力的重要手段。《看见淤青有多难》是腾讯新闻2016年3月女生节当天推出的融合新闻深度报道专题,并通过《活着》栏目发布了《家暴,一场血色的噩梦》纪实图文专题。发布四天阅读量即达到3000万+,获得了较大规模的关注。这个案例对移动端和门户网站两种载体均有覆盖,具有十分典型的网络新闻专题特征。

  网络新闻专题涵盖的知识点包括选题策划、前期准备、结构安排、设计制作、发布推广。下面以选题策划和设计制作为重点,分析二者与新闻故事化的关系。选题策划是网络新闻专题的起点,网络新闻专题的选题包括主题类、事件类、挖掘类、栏目类等主要类别。无论哪一种类别,对于今天的网络受众而言,只要接近性强、实用性强、趣味性强,都有可能获得极高的关注。专题选题突出故事化,尤其在移动端,这种情况更加明显,表现在选题一般以时政、文化、社会的热门应景话题为主,切入点小、信息量大,以讲故事的方式层层推进,什么人(人物)、什么事(情节)、什么地方(场景)、什么时候(时间顺序)、为什么(动机)等都会成为选题阶段重点考虑的问题。比如上述案例专题源起于2016年3月1日《中华人民共和国反家庭暴力法》正式实施,家庭暴力案件中往往女性受害人居多,专题最终呈现了7名受害者,通过她们亲身讲述不幸经历的方式来呈现新闻,话题性和故事性都非常强。相比呆板的宣讲,这种方式更能冲击网民的心灵,更具有影响力。新闻在设计制作上,如何体现故事化呢?用场景表现新闻地点,用互动推进新闻进展,用口语还原新闻故事是常用的做法,正如《看见淤青有多难》,采用融合性报道这种时下流行的报道形式,较好地利用了最时兴的互联网技术,将文字、图片、视频、图表四位一体结合,支撑起深度报道内容,令受众感觉新颖,在立体化、参与式的应用场景中提升阅读质量,使受众能够迅速融入故事,与主人公感同身受,这些正是以新闻故事化为出发点,恰当地使用了互联网技术给受众带来的前所未有的体验。

(三)围绕"新闻故事化"进行实践训练

网络新闻编辑是"网络新闻理论与实务"的主要实践部分,这一部分分解为文稿编辑、产品编辑、平台编辑三大模块。

文稿编辑模块对新闻故事化的运用最为直接,这一点有赖于纸媒长期积累的深厚基础。"华尔街日报体"无疑最具影响力,有人认为它的特点是"从某一具体的事物(或人物、场景、细节)写起,经过过渡段落,进入新闻主体部分,叙写完毕之后又回到开头的事例(或人物、场景、细节),有时也用总结、悬念等方式结尾"[①]。有人认为"华尔街日报体"的写法"贯穿着一种精神,即用具体的描写代替宏大叙事,用细节的真实刻画整体性的实质……但在表现上有很多种类,不拘一格"[②]。在我国,著名记者穆青最早提出中国新闻界新闻故事化的设想,他认为"我们的新闻报道的形式和结构,也可以增加自由活泼的散文形式,改变那种沉重的死板的形式,而代之以清新明快的写法"[③]。国内《中国青年报·冰点》特稿专栏、《南方周末》等纸媒推出过不少故事化新闻作品的佳作。

网络新闻文稿编辑中对故事化的传统既有继承又有新的发展。随着微信公众号的加入,故事化手法在标题上的运用越来越突出,比如环球网官微《"爸"!》(2018.4.3)、《人民日报》官微《4月1日,你在何地?请返航!》(2018.4.1)、《南方都市报》官微《给82名优秀快递员发黄金!这家上市72天的公司搅动大件快递市场》(2018.4.1)……这些标题字数以二十字左右居多,最长接近三十字,最短仅一个字,每一则标题就是一个故事,信息内容传递核心事实,多采用设问、反问句式,运用悬念化、口语化、动态化的叙述手法,情感化、个性化色彩较为明显。

在产品编辑模块中,要求学生通过对新闻故事的发现和呈现来理解新闻产品的内涵,通过运用各种不同的技术形式讲好新闻故事。有学者认为,"新媒体的本质特征在于用户的深度卷入和互动参与,新媒体叙事的互动参与就意味着除了纯粹的新闻报道铺垫外,主流媒体还可以充分利用自身的平台优势,借力

---

① 张允若.一篇华尔街日报体的报道[J].对外宣传参考,1985(10).
② 王洁,赵云泽."华尔街日报体"故事化写法的再认识[J].传媒观察,2007(01):62-64.
③ 穆青.新闻散论[M].北京:新华出版社,1996.

问卷调查、互动问答、游戏、小程序等吸引用户参与或推出与新闻报道不一样的互动产品"。表1展示的部分学生的实践作品名单，正是出于这样的编辑思路。

表1 学生实践作品名单

作品名称	作品形式
天价刀鱼从何而来	微信长文
东湖水治理历程	动图长文
不要歧视·她	HTML5
霓虹灯下的光污染	数据长图
白色污染	视频
课堂"另类"点名：创新还是无奈？	漫画+长图
致敬科比	视频
呼吸之痛	HTML5
霍金开通新浪微博背后的秘密	HTML5游戏
没有指纹的人——大国工匠顾秋亮	HTML5

以学生作品《不要歧视·她》为例（如图1所示），学生首先搜集了关于女性歧视方面的新闻，整合归类为对女性职场和生活上的歧视，并辅以相关权威数据加以说明，揭示现今社会对女性普遍的歧视现象。

创作设计上采用HTML5网页设计，插入文字、图片、动图、视频等，生动形象、简洁有趣地向受众展示新闻，并和用户进行互动。

  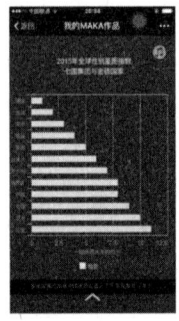 

图1 学生作品《不要歧视·她》

平台编辑模块试图拓展长期以来将新闻故事化约等于新闻作品故事化的思路,引导学生探索网络平台讲故事、讲好故事的实现途径。理论上互联网时代给一切发声者平等的机会,但信息数量上的膨胀和网民碎片化、易转移的特性也会迅速使得有效信息反而更容易沉没,作为平台,如何建立权威性与影响力?对于网络编辑的最高层级——平台编辑,笔者认为可以借鉴故事化的原理,比如环球网微信公众号在这方面做出了很好的尝试。

环球网公众号的编辑以"环环"自居创作原创文章,以"环环"的名义报道新闻、评论新闻、跟粉丝互动,比如《3·11大地震7年后,7万日本人仍住避难所,如果是在中国早就……》(2018.3.12)一文中写到"环环(ID:huanqiu-com)看到,人们用白色蜡烛摆出'3·11'几个数字予以追悼,经历过1995年阪神大地震的民众也在活动上发言提醒人们'逝者已矣,生者当坚强'",《特朗普后院起火了》(2018.4.8)一文有网友留言"环环你火情写成国情了",编辑回复"抱歉,不是国情,是火情,冬瓜侠(注:本文编辑)是错字精转世……(捂脸.jpg)",等等,一个微信公众号已然有了生命和独立人格,无论是硬新闻还是软新闻都能采取受众容易接受的方式进行传播,其背后是平台编辑故事化模式的成功。平台编辑的故事化要求不仅仅在单篇文稿中经常采用故事化叙述手法,而且应立体地塑造一个生动的拟人化的平台形象,有时甚至会戏剧性地造话题、刷存在感,比如2018年4月5日,环球网公众号推出一篇头条《出大事了!》,点击进入正文后却只有六个字"放假了!踏青去!"并配发了一副卡通图,让人意想不到的是,这篇"标题党"推文不仅没有影响平台权威性,反而引发众多网友评论"环环,你又调皮""祝环环节日快乐""环环,你真幽默啊"……拉近了公众号与网友的心理距离。因此,对于平台编辑故事化的运用,如果能够恰如其分,对平台品牌化的形成、推广将起到一定作用,故事化的确对平台编辑教学提供了一个操作性非常强的思路。教学中,学生需要自己建立团队创建一个自媒体,两周的时间内对自媒体进行更新维护,推出至少一期特色原创如专题、活动、互动等,学生需要做到自媒体平台定位清晰,特色鲜明,更新有规律、有频率,推广有效果,内容质量有保障。表2展示了部分学生平台实践成果。

表2 学生平台实践成果

平台名称	平台形式
树洞晚安	微信公众号
轻度阅读	微信公众号
听影客	微博
隔3差5说些事儿	微博
我的墙上没有钟	音乐电台
爆新鲜	优酷视频

随着新媒介技术的发展,新闻故事化的表达理念得到强化,表达方式得到拓展,新闻专业人才的故事化能力的重要性也将更加凸显。互联网时代新闻专业人才故事化能力的培养是一个系统工程,涉及教学思想、方法模式、技术手段等,一系列具体而微的问题既需要宏观原则也需要操作指导,无论是网络新闻从业者还是教育者,针对新闻故事化创意与制作水平的训练与提升已经刻不容缓。

参考文献

[1]哈克,帕克斯,卡斯特,等.新闻业的未来:网络新闻[J].国际新闻界,2013,35(01):53-66.

[2]张志安.大数据中的网民心态与媒体舆论引导[J].新闻战线,2018(03):48-49.

[3]彭兰,高钢.中国互联网新闻传播结构功能效果研究[M].北京:高等教育出版社,2011.

[4]吴飞,黄超.全媒体新闻编辑案例教学[M].北京:中国传媒大学出版社,2015.

《中国传媒教育观察》征稿启事

在融合变革驱动的大传媒时代,传媒教育的生成理念、表征形态日渐多元化。传媒教育已不再是新闻传播学的专属,还涉及戏剧与影视、美术、设计、管理等相关专业的研究方向。由武汉传媒学院、中国传媒大学出版社与武汉大学视听传播研究中心共同主办的《中国传媒教育观察》,主要聚焦传媒教育的重要议题与热点现象,刊载有理论深度、现实价值、创新意识的学术成果和教学案例,涉及传媒教育的方方面面。与此同时,还对新闻传播、影视艺术等相关媒介研究议题进行关注。谨向海内外学人郑重约稿,诚挚邀请各位同仁不吝惠赐大作!

征稿事宜如下:

一、征集议题

1. 传媒教育的理论观察及实践创新
2. 马克思主义新闻观教育的理念创新与路径选择
3. 传媒教育发展年度纵览
4. 广播电视新闻教育的新情况、新问题与新探索
5. 广播电视艺术教学的新思路与新举措
6. 传媒实践教学及实验室建设
7. 编辑出版教学方法创新
8. 新媒体教育的理念表达与实践探索
9. 电影艺术教学的新思路与新举措
10. 传媒类专业课程教育的经验与创新
11. 媒介融合的理论前瞻、探索实践

12.新媒介的实践创新

13.其他媒介研究的相关议题

二、字数要求:来稿不少于 **8 000 字**,原则上不超过 **15 000 字**。

三、来稿格式除文章正文外,请附上:

1.作者简介、姓名、所在单位、职称。2.中英文标题、关键词、摘要。3.注释、参考文献。注释一律采用尾注形式,统一采用上标小方中括号。参考文献格式依照《文后参考文献著录规则》国家标准(GB/T 7714-2015)。

四、投稿方式:来稿一律通过邮箱方式投稿,投稿邮箱:cmjy2017@126.com(邮件标题请标注"传媒教育观察投稿")。自投稿日起,两个月内奉送审稿结果,请勿一稿多投,稿件一经刊用即视为同意网络发布。

五、联系方式

投稿邮箱:cmjy2017@126.com

联系电话:027-81979461

武汉传媒学院简介

　　武汉传媒学院(原华中师范大学武汉传媒学院)2004年6月经国家教育部批准设立,现已发展成为具有鲜明传媒文化与科技教育特色的多学科协调发展、综合应用型人才培养的高等院校,是湖北省"转型发展"首批试点高校之一。

　　学校环境优美,占地面积1050.7亩,建筑总面积31.41万平方米。主校区坐落于风景秀丽的武汉·光谷藏龙岛,东临凤凰台,西傍汤逊湖,校园毗邻地铁口,交通便利;分校区位于孝感市大悟高铁经济区,现已基本竣工并部分投入使用。

　　学校学科建设优势明显,设有新闻传播学院、播音主持艺术学院、电影与电视学院、设计学院、人文与艺术学院、传媒技术学院、文化管理学院7个学院,现开设31个本科和6个专科专业,涉及文、管、工、艺等多个学科门类,在校生近万人。学校拥有1个湖北省重点(培育)学科,3个湖北省重点(培育)本科专业,2门湖北省精品课程,3个湖北省本科"专业综合改革"试点项目和1个湖北省战略性新兴(支柱)产业人才培养计划本科项目;承担着99项国家级和省部级教科研项目。

学校教学设备设施齐全,建有与现代传媒教育相适应的系列演播厅、演艺厅、观片室、录音棚、非线性编辑中心、视听配音实验室、摄影棚、数字图像处理实验室、三维动画实验室、高清视频制作实验室、数字电视多功能实验室、电视直播实验室、同声传译实验室等52个实验室,以及音乐、舞蹈、戏剧表演等专业教室。学校与湖北省博物馆、中国市政工程中南设计研究总院建筑园林分院、网易湖北、腾讯大楚网、北京网易传媒有限公司、湖北广视广播电视制作中心等110家企事业单位签订实习实训、人才培养共建协议,为学校开展实践教学、培养高素质应用型人才提供了良好条件。

学校师资力量雄厚,现有专任教师500余名,具有高级职称者超过30%,具有硕士、博士学位者超过60%,尤其是拥有一批来自传媒业界和相关企事业单位的"双师型"专任教师,实践经验丰富,为提高教学质量提供了有力保障。学生近五年在各类竞赛中获得国家和省部级奖项700余项。

学校办学特色鲜明,硕果累累。建校十五年来,学校通过科学定位,践行先进的教育理念,加强学科、专业、课程等教学内涵建设,不断深化教学改革,强化教学管理,致力于培养高素质、强专业、重实践、敢创新的应用型专门人才,形成鲜明的办学特色。先后获得"中国十大优势专业院校""中国传媒教育创新人才培养品牌院校""全国先进独立学院"和"2014年度华中地区热门报考院校"等荣誉称号。我校每年均有毕业生考取中国传媒大学、复旦大学、武汉大学、华中科技大学、华中师范大学等重点院校硕士研究生,选择出国留学读研的毕业生也逐年递增。

当前,学校以转型发展应用技术型高校建设为推手,主动适应国家高等教育和文化产业改革发展的新形势,不断加强基础设施建设,深化教育教学改革,完善教育教学管理,突出办学特色,强化办学优势。下一步,学校将朝向建设成为国内有较高知名度和影响力的综合应用型本科高校的目标而奋斗。

图书在版编目(CIP)数据

中国传媒教育观察.2018 / 周中斌主编.--北京:中国传媒大学出版社,2019.8
(传媒集刊)
ISBN 978-7-5657-2508-1

Ⅰ.①中… Ⅱ.①周… Ⅲ.①传播媒介—教育研究—中国 Ⅳ.①G206.2

中国版本图书馆CIP数据核字(2019)第141803号

中国传媒教育观察(2018)
ZHONGGUO CHUANMEI JIAOYU GUANCHA(2018)

主　　编	周中斌
副 主 编	宗　微
责任编辑	黄松毅　欧丽娜
特约编辑	张　静
封扉设计	拓美设计
责任印制	阳金洲
出版发行	中国传媒大学出版社
社　　址	北京市朝阳区定福庄东街1号　邮编:100024
电　　话	86-10-65450528　65450532　传真:65779405
网　　址	http://cucp.cuc.edu.cn
经　　销	全国新华书店
印　　刷	北京玺诚印务有限公司
开　　本	787mm×1092mm　1/16
印　　张	14.25
字　　数	225千字
版　　次	2019年8月第1版
印　　次	2019年8月第1次印刷
书　　号	ISBN 978-7-5657-2508-1/G·2508　　定　价　68.00元

版权所有　　翻印必究　　印装错误　　负责调换